Anton Rotzetter

Sprache an der Grenze zum Unsagbaren

Anton Rotzetter

Sprache an der Grenze zum Unsagbaren

Für eine zeitgemäße Gebetssprache in der Liturgie

Schwabenverlag

Die Deutsche Bibliothek – CIP-Einheitsaufnahme

Ein Titeldatensatz für diese Publikation ist bei
Der Deutschen Bibliothek erhältlich

www.schwabenverlag.de

Umschlaggestaltung: Finken & Bumiller, Stuttgart
Umschlagbild: Francesco Clemente, C
Layout und Satz: Mediendesign Joachim Letsch, Esslingen
Herstellung: Freiburger Graphische Betriebe, Freiburg i. Br.
Printed in Germany

ISBN 3-7966-1077-3

Inhaltsverzeichnis

Gebetssprache im soziologischen und biographischen Kontext

Konkretisierungen

Anhang

Vorwort

An vielen Orten hat der sonntägliche Gottesdienst an Anziehungskraft verloren. Die Gründe sind vielfältig. Sicher liegt es auch an der Art und Weise, wie die Gottesdienste gestaltet sind. »Ist da von mir die Rede, wenn gepredigt, gebetet und gesungen wird?«, fragen sich viele moderne Menschen und beantworten die Frage im negativen Sinn. Oft haben sie den Eindruck, dass da eine Sache vorgetragen wird, die nichts mit ihnen zu tun hat und weit von ihren Sehnsüchten und Hoffnungen entfernt ist. Sie suchen anderswo und lösen sich allmählich und immer mehr vom großen Strom der christlichen Tradition.

Mit diesem Buch möchte ich den Fluchttendenzen entgegenwirken und einen Beitrag leisten für eine zeitgemäße Gebetssprache und Liturgie.

Im ersten Teil veröffentliche ich meine »Anmerkungen zu einer modernen Gebetssprache«, die Vorlesungen, die ich unter dem Titel »Sprache an der Grenze zum Unsagbaren« bei den Salzburger Hochschulwochen 2001 gehalten habe. Die Vorlesungen fanden vor einem großen und höchst motivierten Auditorium statt. Dem oft geäußerten Ruf, sie schriftlich nochmals nachlesen zu können, komme ich hiermit gerne entgegen. Da und dort habe ich seither meine Gedanken weitergeführt, vor allem sind einige Bemerkungen zur Auferstehungsmesse von P. K. Kurz in den Text integriert worden. Sonst aber ist er weitgehend identisch mit dem, den ich in Salzburg vorgetragen habe.

Im zweiten Teil möchte ich zunächst einen Text dokumentieren, den Professor Dr. Klemens Richter, Münster, für eine geplante Veröffentlichung erbeten hat. Obwohl er mir seine Zustimmung und seinen Dank zukommen ließ, fand der Beitrag aber dann doch keine Aufnahme in das inzwischen veröffentlichte Buch (B. Kranemann u.a.). Danach wollte ich mich tiefer in Krankheit und Tod einspüren, um dann in einem eigenen Buch für jede Phase des Krankseins, des Todes und der Trauerarbeit Gebetstexte zur Verfügung stellen zu können. Doch hat mir die Zeit dazu gefehlt. Und da dies wohl noch eine Zeit lang so bleiben wird, wage ich jetzt die Veröffentlichung des von K. Richter erbetenen Beitrags. Zur

Abrundung füge ich schließlich einen bereits veröffentlichten Artikel hinzu (Lebendige Seelsorge 47/1996, 46-48).
Der dritte Teil sammelt in einer Art Werkstattbericht meine eigenen Sprachversuche für den Gottesdienst. Ursprünglich waren sie integrierter Bestandteil der Salzburger Vorlesungen (erster Teil) und des Artikels (zweiter Teil). Ich nehme an, dass damit der Übersicht und der Praxis gedient ist.
Im Zusammenhang mit den Literaturhinweisen versuche ich einen Überblick zu geben über den Weg, den meine theoretische und praktische Arbeit bezüglich Gebet und Sprache bisher gegangen ist.
Nun hoffe ich, dass dieses Buch für viele eine Hilfe ist, die im Dienst der christlichen Liturgie stehen. Vor allem aber wünsche ich ihnen das innere Feuer, das ansteckt, überfließende Lust und Freude. Denn ohne diese Erfülltheit und Kraft sind äußere Bemühungen um Form und Gestalt leerer Tand und hohle Hand.

Ostern 2002 *Anton Rotzetter*

Gebet ist eine Art Grenzüberschreitung durch die Sprache, ein Rufen über die eigenen Grenzen hinweg, der Vollzug der Transzendenz, der Fähigkeit zur Selbstüberschreitung.
Mit anderen Worten: Das Gebet und seine sprachliche Gestalt ergeben sich aus dem Wirklichkeitsverständnis des Menschen. Wenn dieses klein oder gar oberflächlich ist, wird das Gebet im Leben nur eine unbedeutende Rolle spielen. Und bei einem bloß materialistischen oder weltimmanenten Selbstverständnis steht der Mensch dem Gebet völlig verständnislos gegenüber. Auf der anderen Seite gibt es viele Menschen, die sich nach Tiefe und Beheimatung in einem weltumgreifenden Geheimnis sehnen. Meditation und andere Formen der spirituellen Lebenskunst entsprechen einem weitverbreiteten Bedürfnis. Dazu zählt auch die Urgebärde des Gebetes.

Sprache an der Grenze zum Unsagbaren

Die sprachliche Grundgestalt unseres Daseins

Zunächst möchte ich die philosophischen und theologischen Grundlagen für eine heutige Gebetssprache erarbeiten. Denn es ist meine Überzeugung, dass sich unser menschliches Leben sprachlich vollzieht. Was immer wir als Menschen leben – es hat immer eine sprachliche Dimension. Dies möchte ich aufzeigen an einem Gedicht der polnischen Literaturnobelpreisträgerin von 1996 Wislawa Szymborska (*1923). An diesem Gedicht werden wir die Weise unseres Daseins in der Welt zu entdecken suchen: das Denken als ganzheitliche Begegnung, die dialogische Verfasstheit des Erkennens, die Unauslotbarkeit des Daseins, die personale Verwiesenheit auf das personal verstandene Geheimnis. Von selbst ergeben sich auch einige Erkenntnisse aus der biblischen Tradition: Die Selbstbezeugung Gottes in Welt und Seele, der Mensch als Hörer beziehungsweise Hörerin des Wortes, Wort und Antwort, die »gewortete Welt« ...

Wislawa Szymborskas »Gespräch mit dem Stein«

Ich klopfe an die Tür des Steins.
»Ich bin's, mach auf.
Lass mich ein,
ich will mich umschaun in dir,
dich einatmen wie die Luft.«

»Geh weg«, sagt der Stein.
»Ich bin dicht verschlossen.
Sogar in Teile zerschlagen,
bleiben wir dicht verschlossen.
Sogar zu Sand verrieben,
lassen wir niemanden ein.«

Ich klopfe an die Tür des Steins.
»Ich bin's, mach auf.
Ich komme aus reiner Neugier.

Das Leben ist meine einzige Chance.
Ich möchte deinen Palast durchschreiten
und dann noch das Blatt und den Wassertropfen besuchen.
Ich hab nicht viel Zeit für das alles.
Meine Sterblichkeit sollte dich erweichen.«

»Ich bin aus Stein«, sagt der Stein,
»und muss gezwungenermaßen ernst sein.
Geh weg.
Lachmuskeln hab ich keine.«

Ich klopfe an die Tür des Steins.
»Ich bin's, mach auf.
Man sagt, es gibt große leere Säle in dir,
unbetrachtet, vergeblich schön,
taub, ohne ein Echo von irgendwessen Schritten.
Gib zu, dass du selbst nicht viel davon weißt.«

»Große und leere Säle«, sagt der Stein,
»aber ohne Raum.
Schön, möglich, aber jenseits des Geschmacks
deiner ärmlichen Sinne.
Du kannst mich kennenlernen,
du wirst mich aber niemals erkennen.
Meine ganze Oberfläche wende ich dir zu,
meine Innenseite wende ich von dir ab.«

Ich klopfe an die Tür des Steins.
»Ich bin's, mach auf.
Ich suche keine Zuflucht für ewig.
Ich bin nicht unglücklich.
Ich bin nicht obdachlos.
Meine Welt ist eine Rückkehr wert.
Ich komme herein und gehe mit leeren Händen
wieder hinaus.
Und zum Beweis, dass ich wirklich da war,
zeig ich nichts vor außer Worten,
denen niemand Glauben schenken wird.«

»Du kommst nicht rein«, sagt der Stein.
»Dir fehlt der Sinn der Anteilnahme.
Kein Sinn ersetzt dir den Sinn der Anteilnahme.
Selbst der bis zur Allsicht geschärfte Blick
nützt dir gar nichts ohne den Sinn der Anteilnahme.
Du kommst nicht rein,
hast kaum eine Ahnung von diesem Sinn,
kaum seinen Ansatz, eine Idee davon.«

Ich klopfe an die Tür des Steins.
»Ich bin's, mach auf.
Ich kann nicht zweitausend Jahre warten,
bis ich eintrete unter dein Dach.«

»Wenn du mir nicht glaubst«, sagt der Stein,
»frag das Blatt, es wird dir dasselbe sagen.
Frag den Wassertropfen, er sagt dasselbe wie das Blatt.
Frag schließlich das Haar auf deinem Kopf.
Ich platze vor Lachen, vor großem Lachen, vor Lachen,
das ich nicht lachen kann.«

Ich klopfe an die Tür des Steins.
»Ich bin's, mach auf.«

»Ich hab keine Tür«, sagt der Stein.

Die zwei Sprachen des Menschen: Aus-Sage und An-Sage

»Das Gespräch mit dem Stein« hebt sich in sprachlicher Hinsicht ganz wesentlich ab von einem mineralogischen Traktat. Ich habe dieses Gedicht mit Staunen und zunehmender Anteilnahme gelesen. Ich kann mich mit ihm identifizieren, und um das zu können musste und muss ich es immer wieder lesen. Auf der anderen Seite habe ich keinerlei Interesse an einer Abhandlung über Steine. Das würde sich ändern, wenn ich ein Haus bauen müsste oder Grubenbesitzer oder, wenn auch nur hobbymäßig, Mineraloge oder etwas anderes wäre, was mein Interesse an Steinen wecken würde. Aber mit Bestimmtheit würde ich den Artikel oder das Buch kein zweites Mal lesen.

In dieser zugegeben etwas oberflächlichen Beschreibung zeigen sich zwei typisch menschliche Zugangswege zur Welt – und beide haben eine sprachliche Gestalt.

Der eine Weg ist der des Zu-Griffs. Schon das Kleinkind greift nach jedem Stück Realität um es zu be-greifen und zu verstehen. Es muss den Stein um-fangen, um-greifen, um dann das Wort »Stein« mit etwas Kon-kretem, Um-griffenem, Be-griffenem verbinden zu können. Je älter, größer, erwachsener wir werden, um so markanter wird der Zu-Griff und um so genauer – meinen wir – wird das Be-Greifen. Wir entwickeln eine Sprache, mit der wir Sachverhalte und Gegenstände de-finieren, das heißt: ab- und umgrenzen, um sie besser oder gar voll-um-fänglich verstehen zu können; eine Sprache, um etwas aus-zu-drücken, aus-zu-sagen, bis möglichst alles gesagt ist, was man sagen kann. Wissenschaft und Technik können den von ihnen zu Recht erwarteten Beitrag zum Wohl der Menschheit nur unter der Voraussetzung dieses be-greifenden, abgrenzenden und aus-sagenden Sprechens leisten. Und auch zwischenmenschliche Kommunikation läuft nur ab, wenn man sich verständlich und möglichst genau aus-drückt. Die Aus-Sage ist von zentraler Bedeutung für die gegenseitige Verständigung – nicht nur vor Gericht.

Eine solche Aus-Sage ist nun allerdings auch die: Es kann gar nicht alles aus-gesagt werden. Das ergibt sich auf evidente Weise bereits im Bereich des alltäglichen Sprechens. Man kann nicht alles sagen, kann nicht alles aus-drücken. Wer das ernsthaft behauptete, wäre eine beklagenswerte Figur – und, falls er irgendwelche Macht hätte, auch eine Gefahr für die anderen. Er würde alles vergegenständlichen und in seine Verfügbarkeit bringen wollen. Der Manipulation und der Verantwortungslosigkeit würden alle Türen offenstehen.

Es muss also noch einen zweiten Weg zur Wirklichkeit geben: **den Weg des An-Sagens und des Hin-Weisens.** H. Oosterhuis spricht in diesem Zusammenhang von der »zweiten« Sprache und meint damit die Poesie. Die poetische Sprache kann sich mit der Aus-Sage nicht abfinden, sie sprengt das eng de-finierte, ab- und um-grenzte Wirklichkeitsverständnis, das dem Alltag, besonders aber der

Wissenschaft und der Technik zugrunde liegt. Die poetische Sprache ist darum vorwiegend An-Sage, Er-Öffnung oder Er-Schließung einer Welt, die sich dem unmittelbaren Nutzen und der ökonomischen Verzweckung entzieht. Die Poesie ist die Er-Schaffung einer Welt, in der Visionen und Zukunftshoffnungen möglich sind. Sie ist das Auf-Brechen der geschlossenen Welten auf das Unendliche hin. Poesie entreißt uns dem Machbarkeitsdenken, dem totalen Verfügbarmachen, der Vergegenständlichung der Wirklichkeit. Sie stellt uns vor einen unendlich offenen Horizont, in eine Welt, in der nahezu alles möglich ist. Nur, wenn es auch diesen zweiten sprachlichen Zugang zur Wirklichkeit gibt, kann das Menschsein des Menschen letztlich bewahrt werden.

Tasten wir uns also an das Gedicht der Nobelpreisträgerin heran: Ein Stein – das ist nach dem Etymologie-Duden zunächst gleichbedeutend mit »das Harte«. Und Wislawa Szymborskas Gedicht setzt ja auch bei dieser angeblichen Aus-Sage an, um sie ad absurdum zu führen.

»Geh weg«, sagt der Stein.
»Ich bin dicht verschlossen.
Sogar in Teile zerschlagen,
bleiben wir dicht verschlossen.
Sogar zu Sand verrieben,
lassen wir niemanden ein.«

»Dicht verschlossen«, hart ist der Stein, auch im Zustand der zerschlagenen Teile und des verriebenen Sandes. Aber der Stein spricht!

Was wissen wir denn schon, was ein Stein ist? Gewiss ist er wissenschaftlich gesehen eine bestimmte physikalisch-chemische Substanz, die man mit der Nennung von Strukturen und Formeln aus-sagen, aus-drücken und dar-stellen kann. Aufgrund der Beobachtung und der wissenschaftlichen Definition werden wir dann in die Lage versetzt, den Stein für unsere Bedürfnisse zu nutzen: Wir können Straßen, Befestigungsanlagen, Häuser und Städte bauen. Aber nochmals: Der Stein spricht! Wissen wir wirklich, was ein Stein zutiefst ist? Ist er nicht viel mehr als ein zur Verfügung stehendes Material? Da gibt es doch über das Aus-Gesagte hinaus unendlich mehr an-zu-sagen, an-zu-denken, zu ah-

nen und zu bestaunen, als der bloß technische Zugriff wahrhaben will. Jeder Naturfreund weiß das.
Und unsere Dichterin weiß es: Ein Stein hat eine Tür, kann reden, lachen. In einen Stein kann man eintreten, da gibt es Säle, in denen man sich bewegen und umschauen kann. Einen Stein kann man einatmen... Eine solche Sprache kennt keine klaren Festlegungen, keine Definitionen, keine Be-Griffe; der Stein ist nicht mehr zu Handen, sondern wird un-handlich, er ist nicht nur Material, kein bloßes Objekt, auf das man beliebig zu-greifen dürfte; er erscheint nicht mehr nur unter dem Gesichtspunkt des Nützlichen; er hat seinen Gebrauchswert weit hinter sich gelassen.
Es dürfte sich von selbst verstehen, dass eine Sprache, die nicht mehr de-finieren, ab-grenzen, dar-stellen will, die kein Interesse zeigt an Nutzung, Ausbeutung, Gebrauch, Verzweckung, sondern die Wirklichkeit in ihrer Unverfügbarkeit belässt, auch die Sprache der Religion und der Prophetie ist. Die Poesie ist wesentlich die Sprache des Unsagbaren, des Verweisens und Zeigens und darum von jeher die Sprache des Geheimnisses, von dem die Religion kündet: einerseits die Sprache der Offenbarung – wie anders als poetisch soll der Weg Gottes zum Menschen aufgezeigt werden können? Die Poesie ist aber andererseits auch die Sprache der Liturgie und des Gebetes – wie anders denn als poetisch könnte sich der Mensch auf Gott hinbewegen? Das war schon Aristoteles bewusst, wenn er die Gebetssprache der Poesie, nicht aber der Philosophie zuordnet. Die Poesie ist »verborgene Theologie« (A. M. Haas). An dieser Auffassung hält die philosophische Tradition bis in unsere Tage fest. Die Affinität von Religiosität und Poesie ist ein Grundthema der Literatur selbst. So sagt zum Beispiel F. G. Klopstock: »Es giebt Gedanken, die beynahe nicht anders als poetisch ausgedrückt werden können; oder vielmehr, es ist der Natur gewisser Dinge so gemäß, sie poetisch zu denken und zu sagen, daß sie zu viel verlieren würden, wenn es auf andere Art geschähe. Betrachtungen über die Allgegenwart Gottes gehören, wie mich deucht, vornähmlich hierher.« Und J. C. Renard, der als großer Dichter des 20. Jahrhunderts gepriesen wurde, meint: »Die Poesie macht deutlich, dass in ihr, wie in uns selbst, stets ein Sehnen nach jenem Abgrund lebendig ist, der sich unter dem Abgrund erstreckt, und dass unter der Oberfläche dessen, was zur Sprache

gehört, sich das abzeichnet, was zum Unaussprechlichen gehört« (Concilium 12/1976, 289). Wie zur Bestätigung fiel mir Ph. Jaccotets »Antworten am Wegrand« in die Hand – dieses kleine unscheinbare Büchlein ist beste Offenbarungsliteratur; es zeigt den Glanz auf, der in und hinter den alltäglichen Erscheinungen leuchtet. Und auch das »Gespräch mit dem Stein« verweist uns auf eine Tiefendimension, die durch die bloß aus-sagende Sprache nicht in den Blick kommen würde.

Aus dieser Einsicht ist zwingend zu schließen: Die religiöse Sprache muss in all ihren Formen, also auch in der Form des Gebetes, die Verfahren der poetischen Sprache verwenden. Solche Sprachverfahren sind:

Innovation, das heißt: Die Sprache muss aus dem automatisierten Gebrauch der Worte ausbrechen. Poetische Sprache überrascht, zerbricht die erwarteten Bedeutungszusammenhänge, ist nie die erwartete lineare, logische Ausdrucksweise, sie weist immer über die Worte hinaus, die sie gebraucht. Niemand erwartet gewöhnlich, dass Steine reden, lachen, weinen. Aber in Gedichten und Gebeten können sie das sehr wohl. Hören wir ein Gedicht von Franz Fassbind. Es trägt den Titel »Et in terra pax«.

Überlieferte Wörter
infolge Abnutzung
unbrauchbar geworden …

Bis einer kommt
sie zu
neuem Leben
erweckt.

»Seht nur, seht!« rufen die
Leute jetzt und staunen:
»Seht die totgeglaubten Wörter!
Man hat sie begraben
aber sie haben bloß geschlafen.

Seht doch, wie sie laufen!
Seht, wie sie Schritt halten

mit der Zeit und
immer wieder, mit
JEDER ZEIT.«

Die »unspezifische Genauigkeit« (71f), wie Hilde Domin dieses Verfahren nennt: Die Genauigkeit des Wortes betrifft bloß den Kern einer konkreten Erfahrung und überlässt die spezifische und detaillierte Ausgestaltung denen, die das Gedicht lesen beziehungsweise hören. Ein Text enthält also immer eine »Reserve an Ungesagtem«, »die immer – aber immer anderes – mitgehört wird«. »Das Gedicht ist sozusagen porös und an jeder Stelle für den Leser offen, der sich in dem Erfahrungsmuster wiedererkennt. Die ›unspezifische Genauigkeit‹ ermöglicht dies durch das Weglassen alles rein Zufälligen, Nicht-Exemplarischen«. Für das Gebet lässt sich daraus folgern: Nicht die Dogmatik, nicht die Gotteslehre, sondern die Mystik, die Gotteserfahrung ist die Vorgabe der Gebetssprache. Und ich möchte hinzufügen: Gebete können und dürfen darum auch nicht der kirchlichen Macht, der Durchsetzung von Glauben und Moral dienen. Das Gebet muss sich jeder Form des Klerikalismus entziehen. – Mit dieser »unspezifischen Genauigkeit« sind weitere Verfahrensweisen gegeben:
Die Verknappung: Die poetische Sprache ist Ver-Dichtung, Zusammen-Fassung (= Sym-bol); sie ist darum auch wesentlich asketische Sprache, sie geht sparsam mit den Worten um. Sie verzichtet auf alles Schnörkelhafte und Nebensächliche. Sie streicht alles Überflüssige. Je weniger Worte, umso besser! Was hätten wir doch in unseren Kirchen gewonnen, wenn wir geheilt würden von der »Logorrhöe«, wie P. Zulehner den weitverbreiteten Wortdurchfall in den Gottesdiensten, die Geschwätzigkeit der Gottesdienstgestalter nennt.
Offenheit für eine vielfältige Verstehbarkeit: Die unterschiedlichsten Menschen in den unterschiedlichsten Lebenssituationen müssen ein Gedicht je für sich verstehen können. Auch dies spricht gegen die Verquickung dogmatischer und liturgischer Sprache. Gerade in einer pluralistischen Welt ist eine Sprache, die dieses Postulat erfüllt, äußerst notwendig.
Das investierte Schweigen: Poetische Sprache ist Sprache aus dem Schweigen und ins Schweigen. Vergleiche etwa den Buchtitel »Die

Pausen zwischen den Worten« (R. Riedler). Stille als Disposition, als Wirkung, als Atmosphäre – prägt das poetische Wort. Das Verschwiegene ist wichtiger als das Verlautete! Und wenn das schon für das Gedicht gilt, wie viel mehr hätte das dann für die religiöse Sprache beziehungsweise für das Gebet zu gelten. Erst diese mystische, verschwiegen schweigende Qualität eines Sprechaktes bringt das Eigentliche zur Sprache.

Bewusster Umgang mit Zusatzbedeutungen und Anspielungen (Konnotationen und Assoziationen) – und das sowohl bei der Wahl als auch beim Ausschließen von Wörtern. So dürfte im religiösen Raum die Wort-Kombination »Friede und Freude« nicht fallen, weil in Deutschland ein großer Teil der Hörenden sofort »Eierkuchen« ergänzt – eine Assoziation, die doch gewiss unerwünscht ist. Auf der andern Seite löst der Satz »keine Mauer hat auf ewig Bestand, sie bricht zusammen« eine erwünschte Assoziation aus (der Fall der Berliner Mauer 1989).

Übereinstimmung von Form und Inhalt: Dazu gehört zum Beispiel die Lautmalerei, die Sinnlichkeit, mit der etwas Gutes oder Schreckliches zur Sprache gebracht wird.

Das »Gespräch mit dem Stein« ist ein Modellbeispiel für solche poetischen Verfahren, wie wir gleich noch sehen werden. Wenn man freilich diese Verfahren mit der Sprache vergleicht, die in der Kirche verwendet wird, geht einem auf, wie weit wir von einer poetischen Sprache entfernt sind. Wir haben uns auf eine gefährliche Weise auf eine bloß aus-sagende Redeweise eingelassen. Die zweite Sprache wird kaum verwendet. Die Liturgie ist zu sehr in die Fänge der Wissenschaften und der Machtmechanismen geraten, als dass sie sein könnte, was sie sein müsste. Das Bewusstsein ist weitgehend geschwunden, dass man nur hinzeigend, von sich wegweisend, deutend, symbolisch, poetisch *von* etwas, geschweige denn *zu* einem Geheimnis reden kann, das sich letztlich dem Begriff und der Aus-Sage entzieht. Diese Sprache müssen wir im Raum der Kirche erneut buchstabieren lernen.

Personale Begegnung mit dem anderen

Ein Zweites kommt im Gedicht der polnischen Nobelpreisträgerin zum Ausdruck: Das Gedicht nennt sich »Gespräch mit dem Stein«, und in der Durchführung ist es denn auch ein sehr eindrücklicher Dialog.
Dahinter versteckt sich eine philosophische Erkenntnis, wie sie auf der Grundlage des semitischen Denkens (vgl. H. Rothenbühler) von Martin Buber, Emmanuel Lévinas, Paul Ricoeur und vielen anderen vertreten wird: Der Mensch vollzieht sein Dasein, indem er dem anderen begegnet. Existenz kommt von ek-sistere, aus sich heraustreten. Nur wer aus sich heraustritt, auf einen anderen zu, kommt zu sich selbst. Nur wer sich selbst verlässt, sich loslässt, seine ganze Aufmerksamkeit auf das andere lenkt, wird seine Identität finden. Von daher wird der eindrückliche Traktat S. Weils über die Aufmerksamkeit in der Schule als Vorbereitung auf das Gebet verständlich. Auf-merk-samkeit ist der Weg von sich weg auf den anderen zu. Und weil sich im anderen auch das Ganz-Andere, das Geheimnis Gottes, zeigt, vergegenwärtigt, bezieht sich jede wirkliche Aufmerksamkeit letztlich auf Gott. Von allem Anfang an ist also das aufmerksame Aus-sich-heraus-Treten auf das Gebet hin angelegt.
Dies muss betont herausgestellt werden, da viele Gebete ohne Aufmerksamkeit gesprochen werden und darum auch keine Gebete sind. Wenn die Aufmerksamkeit nicht gegeben ist, fällt auch der schönste, den Regeln des religiösen Sprachspiels entsprechende Gebetstext ins Leere. Deswegen sind die vielen Versuche heutiger Spiritualität, die Aufmerksamkeit beziehungsweise Achtsamkeit zu schulen, nicht nur beiläufig, sondern als absolut notwendig, zu begrüßen.
Wislawa Szymborska vollzieht diese Aufmerksamkeit für den Stein als »Gespräch«. Das entspricht, wie bereits gesagt, der letztlich dialogischen Verfasstheit unserer Existenz, dem »dialogischen Prinzip« (M. Buber), das der menschlichen Wirklichkeit eingeschrieben ist. Das andere, auf das hin sich jemand loslässt, hat letztlich die Gestalt des DU. Bei Menschen ist das eine Selbstverständlichkeit. Bei Tieren muss man um die Subjekthaftigkeit, um die »Du-haftigkeit«, bereits streiten. Dabei spricht doch jede Tier-

liebhaberin mit aller Selbstverständlichkeit mit ihrem Hund oder ihrer Katze. Und für jeden aufmerksamen Menschen ist es überdeutlich, dass Tiere Wesen sind, die zu uns Beziehung aufnehmen und diese auch individuell unterschiedlich gestalten. Noch weniger ist diese Du-haftigkeit in der Pflanzenwelt gegeben, obwohl auch hier viele Menschen eine große Aufmerksamkeit und Liebe aufbringen. Viele glauben sogar Beweise dafür zu haben, dass es auch da auf die Intensität ankommt, mit der sie die Beziehung zum Beispiel zu einer Blume leben und mit ihr sprechen. Wislawa Szymborska nun spricht in ihrem Gedicht mit einem Stein. Wenn sie es vielleicht auch bloß in einem metaphorischen Sinn tut, so begegnet sie dem Stein auf diese Weise doch sehr existenziell und ganzheitlich. Sie lotet so das Steinsein des Steines aus und verausgabt sich ebenso total. Das »Ich« und der Stein geben sich einander preis, geben sich gegenseitig sozusagen hin, auch wenn am Ende dann doch die Vergeblichkeit des Bemühens feststeht und die Begegnung letztlich misslingt.
Wenn in diesem Gedicht das Gespräch metaphorisch bleibt, so muss man doch nach der Realität fragen, die eine solche Metaphorik gestattet. Darum möchte ich auf Franz von Assisi hinweisen, für den das Gespräch mit den Geschöpfen mehr war als Metaphorik. Er sprach mit den Tieren, und diese gaben Antwort. Das gleiche gilt für die Welt der Pflanzen und der so genannten »toten« Materie. Allen war er der Bruder, der mit dem einzelnen Geschöpf in ein Gespräch trat, und dieses verhielt sich nach der Art einer Person. Die Individualität der Dinge und Phänomene des Lebens ist etwas, was sich mir je länger je mehr aufdrängt und zur Selbstverständlichkeit wird. In allem tritt mir auf individuelle Weise ein Geheimnis entgegen, das letztlich ein personales Gegenüber, ein Du bezeugt. In einer Welt, in der das Gespräch mit einem Stein möglich ist, ist auch das Gespräch mit Gott, das Gebet, möglich. Oder vielleicht sagen wir es besser umgekehrt: In einer Welt, in der das Gebet einen sich von selbst verstehenden Ort hat, müsste es notwendigerweise auch zum Gespräch mit einem Stein kommen. Wenn die Ich-Du-Beziehung ihre tiefste und höchste Gestalt im Gebet gewinnt, steht alles im Licht dieser Beziehung.

Bei dieser dialogischen Deutung der Gesamtwirklichkeit müssen wir um der Klarheit willen noch etwas verweilen. Es drängen sich folgende Anmerkungen auf:

- Der Ich-Du-Beziehung liegt eine Tendenz zu Grunde: die Beziehung sucht die Verbundenheit, die Einigung, mystisch gesprochen die **»Einung«**. Jede wahre Begegnung fordert letztlich die ganze Auf-merksamkeit, das Loslassen seiner selbst, die Selbstvergessenheit, die Anheimgabe. Ich kann den Stein erst dann reden hören, wenn ich mich völlig zurückgenommen und wenn ich ihm Einlass gewährt habe. Ich werde erst bei mir sein, wenn sich mir die Türe zum Stein geöffnet hat und ich mich in ihm umschaue und in ihm bewege. Das Blatt am Baum, der Wassertropfen, das Haar auf meinem Kopf, die Rose geben ihre Botschaft erst frei, wenn ich mich ihnen völlig ergeben habe. Ich höre das Zwitschern der Vögel erst dann wirklich, wenn ich selbst und alle anderen Stimmen in mir verstummt sind. Ihr Lied erfüllt die Innenräume meiner Seele erst, wenn diese leer geworden sind. Und Gott wird zu meinem Gott erst in dem Moment, wo ich von mir selbst leer geworden bin und er in mir wohnt. So ist die Möglichkeit der mystischen Erfahrung mit der Tatsache des Menschseins selbst gegeben.
- An dieser Stelle stellt sich die Frage, ob mit der »Einung« die Zweipoligkeit »Ich-Du« aufgelöst ist. Sie stellt sich vor allem im Blick auf asiatische Spiritualitätsformen, wo zum Beispiel die Erfahrung der »Nicht-Zweiheit« (= Advaita) das Ziel allen geistlichen Strebens ist. Das wird verständlich, wenn man mit H. Rothenbühler, den Dschungel, das chaotische Vielerei, als Ausgangspunkt des asiatischen Denkens begreift. Um bestehen zu können sucht der Mensch nach dem Gemeinsamen, der Verbundenheit, der All-Einheit hinter der Vielfalt. Diese muss als Täuschung, als Illusion entlarvt werden, wenn man in das All-Eine, Göttliche eingehen will, in dem es keine Andersheit mehr gibt (vgl. auch Nirmal Verma). Dieses Ziel entspricht – angesichts der unübersichtlichen und komplexen Lebensbedingungen unserer Tage! – zweifelsohne auch einer immer größer werdenden Sehnsucht bei uns im Westen. In der Gestalt der Liebeseinigung und der selbstvergessenen Naturbetrachtung erleben wir immer wieder, wie diese Sehnsucht eine fragmentarische, sehr zerbrechliche Verwirklichung findet. Im Gedicht Wislawa Szymborskas steht am Ende die Enttäu-

schung über das Misslingen dieser Einung. Freilich müssen wir noch etwas schärfer fragen: Ist nicht vor allem die Einung, auf die scheinbar oder tatsächlich alles hinstrebt, eine **Täuschung?** Ist die Einung nicht einfach ein **»Wahn der Liebe«**, wie M. Buber es einmal sagte? Warum spricht das asiatische Denken bloß von Täuschung, wenn es um die vielgestaltige bunte Welt geht, in der wir leben, und nicht auch dann, wenn es sich um das angestrebte Ziel handelt? M. Buber jedenfalls ist der Meinung, dass das dialogische Prinzip auch im »Wahn der Liebe«, in der mystischen Begegnung und wohl auch in der endgültigen Gegenwart Gottes tatsächlich fortbesteht. Anders gesagt: Die Identität des Menschen stellt sich gerade dann heraus, wenn die Einung gelingt, ebenso wie sich darin Gott als Gott offenbart, die personale Dualität bleibt konstitutiv.

● Dieses dialogische Prinzip wird auch dann nicht wirklich verlassen, wenn es **anthropologisch eingebettet oder trinitarisch »überhöht«** wird. Was die anthropologische Einbettung des Gebets betrifft, ist K. Rahner (154f) einen bemerkenswerten Weg gegangen. Er fragt, wie es wäre, wenn wir sagen dürften: »Im Gebet erfahren wir uns selber als die von Gott Gesagten, als die in der Konkretheit unserer Existenz von der souveränen Freiheit Gottes Herkommenden und Verfügten?... Der Mensch hört dann sich selbst als Anrede Gottes, die durch Glaube, Hoffnung und Liebe in der gnadenhaften Selbstmitteilung Gottes mit Gottes Selbstzusage erfüllt ist. Er hört nicht ›etwas‹ zusätzlich zu sich als einem in seiner toten Faktizität schon Vorausgesetzten, sondern sich selbst als das sich zugesagte Wort, in dem Gott einen Hörenden konstituiert und dem er sich selbst als Antwort zusagt«. Die Polemik U. Willers (66, Anm. 68) gegen einen Prediger, der auf dem dialogischen Verständnis von Gebet beharrt, ist unverständlich und unnötig. Denn das dialogische Prinzip ist hier nicht aufgehoben, sondern ins Innere des Menschen verlagert. Etwas Ähnliches geschieht auch in der trinitarischen »Überhöhung«, wie sie schon im Neuen Testament vorgenommen wird. Für Paulus (Röm 8) weiß der Mensch eigentlich nicht, wie und wofür er beten soll. Gottes beziehungsweise Jesu Geist muss sich mit dem Menschen einen, damit er »Abba« rufen kann, also die Intimität des Gebetes, das Hineingenommensein in Gottes Gegenwart erfährt. So ereignet sich das dialogische Prinzip im Inneren Gottes, anders gesagt: Innerhalb der dreifaltigen Einheit Gottes geschieht Begegnung, Gespräch, Kommunikation. In der dreifaltigen Kommunikation Gottes also ist das Gebet des Menschen angesiedelt. Der theologische Ort des Gebetes ist das Innere Gottes selbst. Das Dialogische bleibt als innergöttliches Prinzip erhalten (vgl. unten E. Schneider S. 36ff).

- Schließlich noch eine Bemerkung zum Begriff **»Person«**. Es dürfte sich von selbst verstehen: Gott ist kein Individuum neben anderen Individuen, kein Einzelwesen, auch nicht das Erste in einer unendlichen Reihe von Einzelwesen, die sich ihm verdanken. Gott ist im semitischen Denken in keiner Weise ein für sich seiendes Sein. Er ist Bewegung, Beziehung, Wirkkraft, Dasein, Gegenwart. Er ist in allem und jenseits von allem, er bezeugt sich in allem und durch alles, was ist. Insofern kann man sich fragen, ob der Personbegriff angemessen wiedergeben kann, was die Bibel mit »Gott« meint. Trotz dieser Frage ist der Begriff »Person« zur Bezeichnung Gottes meines Erachtens unverzichtbar, und zwar nicht bloß innerhalb des griechischen Denkens, sondern gerade auch von der Bibel her gesehen. Griechisch argumentiert: Weniger als Person ist Gott nicht, denn, wenn wir mit Dionysius vom Areopag sagen: Gott ist nicht »Person«, so müssen wir auch mit ihm hinzufügen: Gott ist nicht Nicht-Person! Er übersteigt um ein Unendliches das, was man mit Person meint. Die Aussage bleibt also, allerdings ins Unsagbare hineingesprochen. Und biblisch argumentiert: Gott ist uns zugewandt, zeigt sein Gesicht, er ist mein Du, das mich ruft und dem ich Antwort gebe. Diese Du-haftigkeit Gottes ist die Voraussetzung dafür, dass die ganze Schöpfung in einem anderen Licht erscheint. E. Drewermann sagt es so: »Ganz entscheidend ist, dass wir Gott als Du anreden. Gehen wir von der naturhaften Welt aus, werden wir ein Du nie finden. Eben weil diese Welt nicht menschlich sein kann, bedürfen wir zur Selbstbegründung der Menschlichkeit des Menschen eines absoluten Gegenübers, das wir mit Du anreden und in dem wir die Geborgenheit spüren, die es in der Welt nicht gibt. Erst im Schutze dieses Vertrauens lässt sich am Ende die Beziehung zu Gott, ganz wie in der Bibel, dahin ausweiten, dass wir diesem Gott auch die Schöpfung der Welt zutrauen.«

Nochmals: Dass ein Franz von Assisi wirklich und Wislawa Szymborska metaphorisch mit einem Stein ins Gespräch kommen können, setzt jene höchste Form der Anrede voraus, die letztlich im Vollzug des Gebetes stattfindet.

Offenbarung Gottes und Antwort des Menschen: Transzendenz und Symbol

Wislawa Szymborskas Gedicht bezieht ihre metaphorische Redeweise auf das Verhältnis mit Gott.
Das erste sprachliche Signal für eine solche Deutung liegt in dem Satz: »Ich kann nicht zweitausend Jahre warten, bis ich eintrete unter dein Dach.« Die »zweitausend Jahre« sind doch nichts anderes als der Hinweis auf die ebenso lange Zeit der christlichen Geschichte, anders gesagt: Die Nobelpreisträgerin erinnert an die Zeit, in der die Kirche die Rückkehr des auferstandenen Jesus erwartet. Der zweite Teil des Satzes ist ganz offensichtlich ein Zitat aus der katholischen Liturgie beziehungsweise aus der Bibel.: »Herr, ich bin nicht würdig, dass du eingehst unter mein Dach« (Mt 8,8). Damit wird das »Ich« des Gedichtes als das Ich Jesu Christi identifiziert.
Weitere sprachliche Chiffren für diese Deutung:

- Das sechsmal wiederkehrende »Ich bin's« ist die johanneische Weise, wie sich Jesus im Anschluss an den alttestamentlichen Gottesnamen Jahwe (Ex 3,14) vorstellt; bezeichnenderweise sind es ebenfalls sechs Zusammenhänge, in denen das »Ich bin es!« im Johannesevangelium vorkommt: Joh 4,26; 6,20; 8,18; 9,9; 13,13.19; 18,5.
- »[Selbst] der bis zur Allsicht geschärfte Blick« – was ja eigentlich bloß von Gott gesagt werden kann und in der Offenbarung des Johannes öfter thematisiert wird.
- »Ich klopfe an die Tür« – ist ein Zitat aus der Offenbarung des Johannes (Offb 3,20), gesprochen vom wiederkommenden Christus.
- »Und zum Beweis, dass ich wirklich da war, zeig ich nichts vor außer Worten, denen niemand Glauben schenken wird« – Worte, die man rückblickend Jesus in den Mund legen könnte

und die das Scheitern Jesu thematisieren, wenn sie nicht sogar ein verstecktes Zitat aus dem Lukasevangelium sind: »Ich aber sage euch: ... Wird jedoch der Menschensohn, wenn er kommt, auf der Erde (noch) Glauben vorfinden?« (Lk 18,8)

- »Ich hab nicht viel Zeit für das alles. Meine Sterblichkeit sollte dich erweichen« – ein Satz, den der irdische Jesus hätte sprechen können, ebenso wie der Abschnitt:
- »Ich suche keine Zuflucht für ewig. Ich bin nicht unglücklich. Ich bin nicht obdachlos. Meine Welt ist eine Rückkehr wert«.

Das Gedicht gibt also auf eine eindrückliche Weise zu erkennen, dass das poetische Ich das Offenbarungs-Ich Jesu Christi ist, in dem sich Gott bezeugt.

Aber wer ist der Stein? Das wird deutlich, wenn wir zwei Stellen des Evangeliums miteinander verbinden. Da ist einmal der Taubstumme, zu dem Jesus spricht: »Effata!, das heißt: Öffne dich!« (Mk 7,34). Der Taubstumme ist ein Symbol der totalen Verschlossenheit, wie sie Wislawa Szymborska dem Stein zuschreibt: »Ich bin dicht verschlossen. Sogar in Teile zerschlagen, bleiben wir dicht verschlossen. Sogar zu Sand verrieben, lassen wir niemanden ein.« Sechsmal spricht Symborskas Jesus sein »Effata!« Fügen wir noch die zweite Stelle hinzu: »Als Jesus an die Stelle kam, wo der Weg vom Ölberg hinabführt, begannen alle Jünger freudig und mit lauter Stimme Gott zu loben wegen all der Wundertaten, die sie erlebt hatten. Sie riefen: Gesegnet sei der König, der kommt im Namen des Herrn. Im Himmel Friede und Herrlichkeit in der Höhe! Da riefen ihm einige Pharisäer aus der Menge zu: Meister, bring deine Jünger zum Schweigen! Er erwiderte: Ich sage euch: Wenn sie schweigen, werden die Steine schreien« (Lk 19,37-40). In diesem Abschnitt liegt eine provokative Aussage: Wenn der Mensch die ihm gemäße Antwort auf Gottes Kommen nicht findet, werden Steine diese Antwort geben. Doch werden nach Meinung der Nobelpreisträgerin auch die Steine sich nicht erweichen lassen. Der Stein gibt vielmehr den Offenbarungswillen Jesu der totalen Lächerlichkeit preis: »Ich platze vor Lachen, vor großem Lachen, vor Lachen, das ich nicht lachen kann.« Freilich lässt der

Stein eine Möglichkeit offen, die die Begegnung vielleicht gelingen lassen könnte: »Dir fehlt der Sinn der Anteilnahme, selbst der bis zur Allsicht geschärfte Blick nützt dir gar nichts ohne den Sinn der Anteilnahme. Du kommst nicht rein, hast kaum eine Ahnung von diesem Sinn, kaum seinen Ansatz, eine Idee davon.«
Fassen wir zusammen: Das »Gespräch mit dem Stein« ist eine Metapher für die angeblich misslungene Beziehung Gott – Mensch. Es atmet – wenn auch als Negativfolie – durch und durch biblischen Geist, vor allem die Theologie des Johannes. Dieses Gedicht ist neben vielen anderen Zeugnissen moderner Literatur ein eindrücklicher Hinweis, wie eine religiöse, ja sogar biblische Sprache heute aussehen kann.
Gerade von der biblischen Sprachgewalt des Johannes her ergeben sich also theologische und philosophische Erkenntnisse, die bei modernen religiösen Sprachschöpfungen zu beachten sind. Das gilt sowohl für die Gottesbezeugung in einer säkularen Welt als auch für die individuelle und gemeinschaftliche Antwort, die wir auf die bezeugte Gottesoffenbarung heute geben können.
Daraus ergeben sich folgende Aussagen:

- **Der Gläubige steht vor einem »verworteten« Horizont**, vor einem Geheimnis, das sich sowohl aus der Tiefe der Schöpfung als auch aus der Mitte der Geschichte (Jesus Christus) zu Wort meldet (vgl. »meinen« Johannesprolog S. 152).
- Der Philosoph oder auch der moderne Mensch, der sich auf die bloße Vernunft abstützt, **wird die Möglichkeit von Offenbarung weder leugnen noch beweisen können**. Der einzelne Glaubende und die Glaubensgemeinschaft dürfen sie aber für sich selbst voraussetzen. Er darf dem Unglauben oder der Beliebigkeit, mit der heute geglaubt wird, seine andere Entscheidung entgegenhalten. Er darf unter der Voraussetzung und in der Grundentscheidung leben, dass Gott sich gezeigt hat und sich weiterhin zeigt, dass er in der Geschichte des Volkes Israel und in der Gestalt Jesu uns entgegentritt und unsere Antwort erwartet. Darum dürfen wir diese Provokation etwa in Form von Gleichnissen in unsere Zeit hineinrufen (vgl. S. 155ff).
- Gebet erweist sich in einer solchen »geworteten Welt« **als ganzheitliche Antwort auf eine Vorgabe, die dem Leben des Betenden vorausliegt, als Buchstabieren des Logos, der in das Weltganze**

eingeschrieben ist. Dieses Buchstabieren ist identisch mit der Selbstfindung des Menschen. Das Leben selbst wird so zur Antwort. Freilich hat dieses Leben nicht erst im Nachhinein auch eine sprachliche Gestalt, die Sprache ist dem Menschen derart wesentlich, dass die Antwort, die er ist, auch einen sprachlichen Ausdruck sucht. Und wie der Mensch seine Identität sucht und um sie ringt, wird sich das auch in der Art und Weise zeigen, wie er betet.

Ich beende diese erste Vorlesung mit einem Gedicht »Gott schuf die Sonne« von Christa Reinig, das ähnlich negativ endet wie das »Gespräch mit dem Stein« von Wislawa Szymborska:

> Ich rufe den wind
> wind antworte mir
> ich bin sagt der wind
> bin bei dir
>
> ich rufe die sonne
> sonne antworte mir
> ich bin sagt die Sonne
> bin bei dir
>
> ich rufe die sterne
> antwortet mir
> wir sind sagen die sterne
> alle bei dir
>
> ich rufe
> den menschen
> antworte mir
> ich rufe – es schweigt
> nichts antwortet mir

Der sprachliche Vollzug unseres Daseins im Gebet

Nachdem ich von den philosophischen und theologischen Grundlagen des Gebetes und den poetischen Verfahren gesprochen habe, die auch für das Gebet gelten, soll nun vom Gebet selbst die Rede sein. In ihm vollzieht der gläubige Mensch sein Dasein auf sprachliche Weise.

Abgrenzungen

Um mich konzentriert auf das Gebet beschränken zu können, sind einige Abgrenzungen notwendig.

Nicht- oder vorsprachliche Ausdrucksformen der Gottesbeziehung

Eine erste Abgrenzung betrifft die nicht- oder vorsprachlichen Ausdrucksformen der Gottesbeziehung; etwa das schlichte Dasitzen (zum Beispiel in der Form der Zen-Meditation), der Tanz und andere Bewegungsabläufe, Körperhaltungen, der Weg der Aufmerksamkeit, wie er von verschiedenen geistlichen Schulen heute vertreten wird (z.B. Thich Nhat Hanh, Jäger). Alle diese vorsprachlichen Verhaltensweisen können auch Ausdrucksformen eines dialogischen Daseinsverständnisses sein. So verstanden sind auch sie Gebet in einem ursprünglichen und wesentlichen Sinn. Dies alles ist vorausgesetzt, wenn ich mich ausschließlich auf sprachliche Äußerungen des religiösen Daseinsverständnisses beziehe.

Gebet und die Vielfalt der sprachlichen Äußerungen

Eine zweite Abgrenzung bezieht sich auf die Vielfalt dieser sprachlichen Äußerungen: Ich spreche jetzt nicht vom Gedicht, das versteckt oder offen auf das Geheimnis zeigt; nicht von der Legende, in der das Göttliche so unheimlich in die Geschichte drängt; nicht von der Vision, die die Wirklichkeit perspektivisch durchbricht; auch nicht von der Prophetie, die sich im Namen Gottes der gesellschaftlichen Wirklichkeit kritisch entgegenstellt; nicht von der Verkündigung, die eine andere Welt an-sagt; nicht von der Verheißung, die diese andere Welt verspricht, nicht von der Predigt, die sie sprachlich aktualisiert und konkretisiert, und so weiter. Ich möchte mich ausdrücklich nur auf den Gebetstext beschränken. – Freilich kann man heute vielerorts nicht mehr voraussetzen, was einen Text zum Gebet macht. Gedichte oder einfache Meditationstexte, ja sogar alltägliche Gebrauchstexte werden oft unterschiedslos als Gebet vorgestellt. So eröffnete letzthin ein wirklich sprachkompetenter Mann eine Sitzung mit, wie er sagte, folgendem »Gebet«:

Wenn der Stein sich sagte:
»Ein einzelner Stein kann keine Mauer aufrichten«,
gäbe es keine Häuser.

Wenn ein Wassertropfen sich sagte:
»Ein einzelner Wassertropfen kann keinen Fluss bilden«,
gäbe es keinen Ozean.

Wenn das Weizenkorn sich sagte:
»Ein einzelnes Weizenkorn kann keinen Acker besamen«,
gäbe es keine Ernte.

Wenn der Mensch sich sagte:
»Eine einzelne Liebesgeste rettet die Menschheit nicht«,
gäbe es weder Freundschaft noch Frieden in dieser
Menschenwelt.

Wie das Haus jeden Stein benötigt
und jeden Wassertropfen der Ozean
und jedes Weizenkorn die Ernte,
so benötigt der Friede dich,
deine Einmaligkeit und Unersetzlichkeit.
(Ohne Namen auf einem Handzettel weitergereicht!)

Nochmals: Dies ist ein beeindruckender und ermutigender Text, aber kein Gebet! Unterscheidung tut Not. H. Vorgrimmlers Lexikon beschreibt das Gebet wie folgt:

> »Gebet geschieht, wenn ein Mensch sich auf die Tiefendimension und Transzendenz seiner selbst einlässt, darin wahrnimmt, dass er ganz und umfassend angesprochen ist, dieses Angesprochensein antwortend bejaht und sich so in seinem ganzen Dasein auch subjektiv betroffen sein lässt von dem unaus-weichlichen, göttlichen, personalen Geheimnis. Über den so umschriebenen dialogischen Charakter des Betens, der sprachliche Textformulierungen enthält, über den ›inneren Herzensverkehr mit Gott‹ (F. Heiler † 1967) hinaus, besteht heute in religionswissenschaftlicher und theologischer Sicht weitgehende Übereinstimmung« (205).

Nach dieser Beschreibung sind Gebetstexte an ihrer ausdrücklichen dialogischen Ausrichtung erkennbar. Um es noch deutlicher zu sagen: Nicht einmal alle Psalmen erfüllen dieses Kriterium. Da gibt es ergreifende Reflexions- oder Meditationstexte, etwa den Psalm 1 (vgl. meine Fassung S. 158), großartige Lieder wie etwa Psalm 111 (vgl. meine Fassung S. 166), aber deswegen werden daraus noch keine Gebete im eigentlichen Sinn. Gebete sind Texte, die sich ausdrücklich auf das göttliche Du beziehen und von der direkten Gottesanrede leben.

Außen und Innen

Eine dritte Abgrenzung habe ich eben unausgesprochen vorgenommen. Ich kann selbstverständlich nur jene Gebete besprechen, die zu einer sprachlichen Äußerung finden beziehungsweise gefunden haben. Auch hier möchte ich ausdrücklich betonen, dass diese Äußerung eine innere dialogischen Bewegung voraussetzt. Das eigentliche Gebet ist ein ganz und gar innerer Vorgang, gegenüber dem jede Äußerung sekundär bleibt. Die franziskanische Tradition hat diese Innenseite des Gebetes herausgestellt, so auf dem Chorgestühl von San Damiano bei Assisi: »Non vox sed votum, non clamor sed amor, non cordula sed cor psallit in aure dei – Nicht die Stimme, sondern die Hingabe, nicht die Lautstärke, sondern die Liebe, nicht die Saite, sondern das Herz singt im Ohr Gottes.« Dieses innere Gebet geht dem mit den Lippen gesprochenen Gebet voraus, und umgekehrt mündet dieses gesprochene Gebet wieder in die innere Zugewandtheit zu Gott,

ins kontemplative Schweigen. Ich beschränke mich hier also auf dieses sprachliche Zwischenspiel des Gebetes.
An dieser Stelle möchte ich ausdrücklich auf den ganzen spirituellen Prozess hinweisen, in den das Gebet nach Auffassung der christlichen Tradition eingebettet ist: Dem Beten des Betenden geht ein an ihn ergangenes Wort voraus, dem er sich im Lesen des Heiligen Wortes stellt (= lectio), dann befragt er dieses Wort nach der existenziellen, ganz persönlichen Bedeutung für sich selbst (= meditatio), um dann in einem Gebet die liebende Antwort zu finden (= oratio) und schließlich in der schweigenden Präsenz vor Gott zu leben (= contemplatio). Das Problem heutigen Betens besteht vielleicht gerade darin, dass das Gebet isoliert gesehen wird und den großen spirituellen Elan verloren hat.

Intime Gebetssprache und Veröffentlichung

Schließlich will ich noch eine Abgrenzung vornehmen: Ich habe für dieses Kapitel einen veröffentlichten Text von E. Schneider ausgewählt, um an ihm einige bedeutsame Aspekte einer individuellen Gebetssprache heute abzulesen. Freilich muss man sich bewusst sein, dass ein veröffentlichter privater Gebetstext bereits nicht mehr nur individuellen Regeln folgt. Wer im stillen Kämmerlein für sich selbst betet, unterliegt keinerlei Regeln. Er wird sein Gottesverhältnis einzig und allein nach der jeweiligen Erkenntnis und der je unterschiedlichen psychologischen Situation ausgestalten. Er kann, wenn er will, sich auch an fremden Gebetstexten ausrichten oder sich gewissen Regeln unterziehen, um zu einem eigenen Gebetsleben zu finden. Vielleicht ist das sogar notwendig, um in die Kunst des Betens hineinzuwachsen. Aber zuerst und vor allem wird der Beter sein, die Beterin ihr Gebet als personale Hingabe begreifen, bei der Sprachregelungen kaum eine Rolle spielen. Ein veröffentlichter Text hat diesen intimen Raum bereits verlassen, er hat sich gewissen allgemein gültigen Sprachgesetzen unterzogen, um verstanden werden zu können. Anderseits sind diese Sprachgesetze noch nicht notwendig auch jene, der sich eine Glaubensgemeinschaft unterzieht. Es dürfte sich darum von selbst verstehen, dass für eine Gebetssprache, die von einer Glaubensgemeinschaft nachvollzogen werden soll, noch andere Kriterien hinzukommen müssen. Aber sicher kann die Glaubenssprache der Kirche nicht einfach an dem vorbeigehen, was sich für die Gebetssprache des Einzelnen sagen lässt.

E. Schneiders »Gespräche«

Zur Person der Autorin will ich nicht mehr sagen als das, was sie in ihren Gebeten selbst von sich zu erkennen gibt. Ganz offensichtlich musste E. Schneider durch innere Not und Dunkelheit, durch Depression und Verlorenheit hindurch. Ihre Gebete sind eingebettet in einen therapeutischen Selbstfindungsprozess. Die Autorin versteht sich ausdrücklich als Christin, die eine kirchliche, ja katholische Sozialisation hinter sich hat. Freilich äußert sie sich im Gebet auch kritisch und distanzierend zur kirchlich vermittelten Gottesbegegnung. Doch ist der Gott, zu dem sie betet, konsequent der biblische Gott. Das gleiche gilt für die Christuserfahrung, die für die Autorin unersetzbar bleibt.
E. Schneider unterteilt ihre »Gespräche« mit Gott in neun Einheiten, die durch folgende Überschriften (Nummerierung von mir) gekennzeichnet sind:

1. Was schöpfst Du gerade in mir
2. ... und gebären einander in diese Welt
3. ... in alle Tiefen ... in alle Höhen
4. Schick mich nicht wieder verloren ...
5. Wie kann ich nur ...
6. Aber wie soll ich Mensch sein ...
7. möchte doch nur in Dich hineinsterben ...
8. So lass uns ruhig sein ...
9. Mitte Dich ein bei uns

Wenn man will, kann man in dieser Aufzählung eine gewisse Entwicklung entdecken: Am Anfang des Büchleins ist Gott noch die große Frage, die die Beterin selbst zur Frage macht. Am Ende geht es nur noch um die »Einmittung Gottes« ins Fleisch der Welt. Dazwischen liegen immer wieder tiefe Fragen zum Gottesverhältnis. Was aber bereits an diesen Titeln auffällt, ist die mystisch-poetische Sprache, die ich im letzten Kapitel als die Sprache des Gebetes herausgestellt habe: Gott »schöpft« im Menschen, Gott und Mensch »gebären einander«, in Gott »hineinsterben«, Gott und Mensch werden »ruhig«, »einmitten« – das sind alles Ausdrücke, die unverbraucht und ungewohnt sind. Diese Art zu reden ist das Kennzeichen des ganzen Büchleins.

Unter diesen neun Titeln lassen sich insgesamt zwanzig Gebetseinheiten herauslösen. Sie sind einzig durch die Auszeichnung des ersten Buchstabens, durch Initialen, erkennbar. So werden wahrscheinlich Gebetszeiten oder -situationen auseinandergehalten.

Schließlich möchte ich noch auf die Anordnung des Textes aufmerksam machen. Meistens enthält eine Zeile bloß ein Wort. Damit erreicht die Darstellung der Gebetsgedichte die Qualität japanischer Tuschzeichnungen. Das Wichtigste ist die Leere, der Hintergrund des Schweigens, das Geheimnis, auf das hin das Gebet gesprochen wird.

Von E. Schneider angewendete »Sprachgesetze« einer modernen Gebetssprache

Das Schweigen

Das erste Prinzip der Gebetssprache ist, wie die eben genannte Darstellungsweise der Gebete zeigt, das Ungesagte und das Unsagbare, die Verschwiegenheit und das Schweigen. Wer betet, redet, während er schweigt, und er schweigt, indem er redet. Die Worte haben unter sich den unendlichen Ur-Grund der Stille und über sich den unendlichen Horizont des Schweigens. Worte sind die Brücken dazwischen. Das Gebet ist nie geschwätzig, es sagt eher zu wenig als zu viel. Es ist immer ein mystisches Wort: Es beschweigt das Geheimnis, in dem es dieses benennt, beredtes Schweigen, schweigendes Wort.

Die Anrede Gottes

E. Schneiders »Gespräche« sind geeignet, erneut über die Gottesanrede nachzudenken.

An dieser Stelle ist es hilfreich, die Bedeutung des Wortes »Gott« in Erinnerung zu rufen. »Gott« ist nachweislich zuerst ein Schrei, der am Abgrund menschlicher Existenz entsteht, ein Hilferuf an der Grenze, ein Urschrei in der äußersten Bedrängnis. Bevor »›Gott‹ etwas oder jemanden bezeichnet oder benennt, ist ›Gott‹ eine Anrede, ein Ruf ins Unsagbare und Unvorstellbare hinein, von dem man Hilfe oder Erlösung in der Not erwartet.

Nun darf man allerdings M. Bubers Feststellung nicht außer Acht lassen: »›Gott‹ ist das beladenste aller Menschenworte ... Wir können das Wort ›Gott‹ nicht reinwaschen, und wir können es nicht ganz machen; aber wir können es – befleckt und zerfetzt wie es ist – vom Boden erheben und aufrichten über einer Stunde großer Sorge« (zit. in CiG 21/01, 176).

E. Schneider ist sehr reich an Gottesanreden, welche etwas von dieser Sorge widerspiegeln. Immer wieder anders muss sie das Unsagbare und das letztlich nicht in Begriffe einzubindende Geheimnis ansprechen (● = eine Anrede):

● Gewaltiger
Fremder
● Gewaltig Waltender
● Großer
Mächtiger
Liebender
● Du Dunkler
Du Schwerer
● Unordentlicher
Unberechenbarer
Bezwingender
● Verrückter
Liebender
Du
● Unfassbarer
● Schöpfer
● Der Große
Unmögliche
● Mögliche
● Der Erschaffende
● Ewiger
● Der Eine
● Großer
● Du

- Törichter
  weiser
  gleichmütiger Gott
- Du
  Weroderwas
  auch immer
  Du bist
- Urvater
  Urmutter
  Geliebter
  Gott
- Du Lebendiger
  Wachender
- Grausamer Gott

Was bei diesen Gottesbenennungen auffällt, ist die Tatsache, dass weibliche Anreden völlig fehlen (Ausnahme: »Urmutter«). Hier dürfte es sich um ein mangelndes Problembewusstsein E. Schneiders handeln, das ich aber ihr selber in keiner Weise anlasten möchte. Ich möchte nur hinweisen auf die Not heutiger Frauen, wenn das Gottesgeheimnis so einseitig männlich angerufen wird. Wir suchen heute den Weg der Ausgewogenheit: Gott wird bald männlich bald weiblich bald sächlich angesprochen. Dies scheint mir für das individuelle Beten problemlos zu sein und auch für den gemeinschaftlichen Vollzug theologisch zu rechtfertigen.
Hingegen aber scheint es mir eine Fehlentwicklung zu sein, wenn man das Gottesgeheimnis nur noch in apersonalen und geschlechtlich unspezifischen Bildern benennt. Damit würden wir zur Benennung Gottes gerade die größtmöglichen Erfahrungen des Menschen ausklammern. Denn größere Erfahrungen als jene, die hinter den Worten »Ich«, »Du«, »Wir« »Person«, »Vater«, »Mutter«, »Mann und Frau« beziehungsweise in der geschlechtlichen Bezogenheit liegen, gibt es nicht.
Ich möchte an dieser Stelle die Rückkehr zur erst- oder alttestamentlichen Art und Weise, Gott zu benennen, empfehlen – ein Vorschlag, der besonders für die Drucklegung von Gebeten gedacht ist und bei offiziellen Büchern einer Gebetsgemeinschaft von Bedeutung sein könnte.

Der Name Gottes ist in der jüdischen Frömmigkeit weniger ein Wort als ein Symbol. Das ist mir aufgefallen, als ich die Wanderausstellung über die Qumran-Texte besuchte. Im Gegensatz zum fortlaufenden Text wurde hier der Gottesname ganz offensichtlich in einer archaischen, wahrscheinlich um Jahrhunderte älteren Schrift geschrieben. Der Name Gottes wirkt so wie ein Fremdkörper im Ganzen des Textes. Schon von weitem ist er sichtbar: eine feste Insel im fließenden Meer der Buchstaben, ein Fels in der Brandung, ein erratischer Block in der Landschaft, eine Art »Sakrament«, in dem sich das Geheimnis verdichtet, vergegenwärtigt, aktualisiert. Den Juden war noch bewusst, dass Gott ganz und gar der Fremde ist, das Geheimnis, das Unendlich Offene, kein Gegen-Stand, sondern lauter Gegen-Wart. Dieses Fremde, ja Unsagbare, das Eigentliche Gottes wurde mehr erahnt als benannt beziehungsweise ausgesprochen. »Jahwe«, wie sich Gott selbst benannt hatte (Ex 20,7 = Dtn 5,11), musste unaussprechlich bleiben, ein Geheimnis, das nicht zur Verfügung steht. »Jahwe« stand zwar im Text, aber statt dessen sagten die Juden innerlich erschüttert, bewegt, aus aller Tiefe heraus und in alle Höhen hinein ein Wort, das ihrem Wortschatz entstammte: »Adonai« oder »Elohim«. Hier ein Ausschnitt aus einem nichtkanonischen Qumran-Psalm, in dem ganz deutlich der Gottesname heraussticht:

10. הייתי בחטאי ועוונותי לשאול מכרוני ותצילני
11. 𐤉𐤄𐤅𐤄 כרוב רחמיכה וכרוב צדקותיכה גם אני את
12. שמכה אהבתי ובצלכה חסיתי בזוכרי עוזכה יתקף
13. לבי ועל חסדיכה אני נסמכתי סלחה 𐤉𐤄𐤅𐤄 לחטאתי
14. וטהרני מעווני רוח אמונה ודעת חונני אל אתקלה
15. בעווה אל תשלט בי שטן ורוח טמאה מכאוב ויצר
16. רע אל ירשו בעצמי כי אתה 𐤉𐤄𐤅𐤄 שבחי ולכה קויתי
17. כול היום ישמחו אחי עמי ובית אבי השוממים בחונכה
18. [ ]לם אשמחה בכה

In der französischen Bibelübersetzung von A. Chouraqui sieht es ähnlich aus, wie ein Ausschnitt aus dem Lukasevangelium zeigt:

> 22 Les jours de leur purification se remplissent selon la tora de Moshè.
> Ils l'amènent à Ieroushalaîm pour le présenter en face d'Adonaï,
> 23 comme il est écrit dans la tora de IHVH[adonaï]:
> Tout mâle fendeur de matrice sera appelé »Consacré à IHVH[adonaï]
> 24 et pour donner un sacrifice
> selon ce qui est dit dans la tora de IHVH[adonaï]:
> une paire de tourterelles ou deux petits de palombes.
> 25 Et voici, il est un homme à Ieroushalaîm, de son nom: Shim'ôn.
> Cet homme juste et fervent attend le réconfort d'Israël.
> Le souffle sacré est en lui.

Die Tatsache, dass der Gläubige ein im ganzen Text hervorgehobenes Wort zwar mit den Augen und vor allem mit dem Herzen ganz und gar in sich aufnahm, aber völlig anders aussprach, ist ein Vorgang von einmaliger und, wie mir scheint, bleibender Bedeutung – auch für eine heutige Gebetskultur.
Bevor ich meinen Vorschlag formuliere, möchte ich noch hervorheben, dass mit dem Wort Jahwe keinerlei Bildhaftigkeit und keinerlei Begrifflichkeit verbunden ist. Es handelt sich dabei vielmehr um eine Tätigkeit, eine Bewegung, mit der sich das Geheimnis in Beziehung setzt. Jahwe ist ungefähr zu übersetzen mit: »Ich bin der/die/das Ich-bin-da!« – völlig ohne Geschlecht, aber ganz und gar personal. Das göttliche Geheimnis ist lauter Zusage, befreiende Gegenwart, ein »Sich-in-Beziehung-Setzen«. Diesem Geheimnis kann man sich nur ganzheitlich überantworten, personal, mit Leib und Seele, jedenfalls aus der Tiefe des Herzens, bewegt und betroffen, erschüttert und zitternd. Und wenn man es benennen soll, dann bleibt als Notbehelf ein Wort aus unserer eigenen Erfahrungswelt.
Nun muss man sich noch vor Augen halten, dass der genannte Begegnungscharakter bei der Übersetzung ins Griechische durch die Septuaginta viel an Bedeutung eingebüßt hat. Jahwe wurde mit »kyrios« = »Herr« übersetzt. Damit gewinnt der Gottesname zwar an politischer Bedeutung: Man hält diesen Namen jeder Herr-

schaft und jeder irdischen Machtinstanz prophetisch entgegen. Kein Herrscher, kein Potentat kann vor Gott bestehen oder seine Machtstellung gar von Gott ableiten. Gott allein ist Herr, ihm allein gehört die Macht und die Herrlichkeit... Diese Bedeutung ist dann vom frühen Christentum auf Jesus Christus übertragen worden: »Er allein ist der Herr«, heißt es im Gloria; er allein ist der Maßstab – Kaiser und König und wer immer sonst Geltung über mein Leben beansprucht, haben keine Macht über mich: ich bin frei und muss mich vor niemandem beugen. So war die Anrede »Kyrios« ursprünglich gemeint, obwohl man sagen muss, dass diese Bedeutung in der späteren Entwicklung verloren ging und einem einseitig männlichen Gottesbild Vorschub leistete. Die emanzipatorische Bedeutung des Gottesnamens muss heute ebenso wieder zurückgewonnen werden wie die christologische Konkretisierung.

Was aber von zentraler Bedeutung ist, das ist die Aufgabe, den in der Bibel vorgegebenen mystisch erregenden Vorgang der Gottbegegnung in unsere Zeit zu übertragen. Deswegen schlage ich ein Zeichen aus der biblischen Ikonographie vor: die Hand, die sich aus dem Innersten des Unendlichen entgegenstreckt, die weisende und schöpferische Hand Gottes:

Dieses Symbol stellt mich schon von weitem sichtbar vor den unendlichen Gott, vor das Geheimnis, das sich zu mir, zu uns, zur ganzen Schöpfung in Beziehung setzt, vergegenwärtigt, aktualisiert. Der Beter, die Beterin lässt dies in einer Atmosphäre der Stille auf sich wirken. Ich werde mir der Ungeheuerlichkeit bewusst, vor der ich stehe – und sage dann ehrfürchtig, aus den Abgründen meiner Existenz heraus ein anderes, mir angemesseneres oder entsprechenderes Wort. Dafür können die Gottesbenennungen E. Schneiders behilflich sein. Aber selbstverständlich gibt es noch viele andere Möglichkeiten, etwa:

- Gott
- Liebe, zugewandte Liebe, DU!
- Befreiende Gegenwart
- Du, verlässliches, uns gegenwärtig hier und jetzt

- DU, göttliche Gegenwart
- Du, befreiende Freiheit und Befreiung
- DU, Feuer, nicht verzehrendes
- DU, Geheimnis

Ich bin überzeugt, dass uns eine solche poetisch-symbolische Gottesbenennung, bei der jeder und jede sich gegenüber dem Geheimnis neu positionieren und dem Geheimnis eine letzte Unsagbarkeit lassen muss und kann, geistlich weiterbringen könnte. (Als konkretes Beispiel siehe meine Fassung des Psalmes 3 S. 159.)

Die Unverfügbarkeit Gottes

Dieses Gottesgeheimnis muss auch im Gebet selbst unverfügbar bleiben. Es darf weder magisch noch sonstwie in Besitz genommen werden. Diese Unverfügbarkeit ist der Beterin E. Schneider wichtig. Ich zitiere jetzt einen längeren Abschnitt aus den »Gesprächen«, der das eindrucksvoll herausstellt. Er weist auf eine Gefahr hin, die besonders im kirchlichen Gebetsverhalten gegeben ist. Doch muss eine Gefahr nicht notwendigerweise die angesprochene liturgische und sakramentale Praxis als solche ins Unrecht versetzen. Aber zu beachten sind diese kritischen Bemerkungen schon. Vielleicht muss man sich auf der anderen Seite fragen, ob solche kritischen Bemerkungen, so schön sie auch formuliert sind, wirklich in ein Gebet hineingehören. Auf jeden Fall münden sie dann ein in Worte, die nur noch Gebet sind.

Wer
versteht Dich
schon

Und
was tun sie
mit Dir
in den Kirchen

Sperren Dich
ein

unter Dach
in Gold
in rechtwinklige
Hohlräume

und manchmal
tragen sie Dich
durch die Straßen

veräußern
Geheimnis
in die Menge

und meinen Dich
dingfest zu haben

Was tun sie
mit mir
in den Kirchen

Reihen mich ein
in gerade Bänke
geben
die Blickrichtung
vor

und bieten mir
Dich
zigfach
und abermals
und institutionell
zur Einverleibung
an

als ob
Empfängnis
machbar
wäre

als ob
über Dich
und Deine Liebe
zu verfügen wäre

Dabei
kommst Du
über Nacht
und ungestüm
und unerwartet
und fragst nicht
wenn Du einen willst

und wehe
wer nicht ums Licht weiß
erstickt
in der Angst
vor den Schatten
Deiner Gewalt

Du bist da
wo Du sein willst
nicht dort
wo wir Dich haben wollen

Du kommst
in Deiner freien
wilden
Liebe
und wartest
ewig
auf unser Dasein
auf unsre Wiederliebe

Halten wir hier inne. Achten wir auf die wiederholte Betonung, dass Gott unverfügbar bleibt. Er ist kein Ding und kann darum auch nicht dingfest gemacht werden. Die Unverfügbarkeit Gottes garantiert auch die Unverfügbarkeit des Menschen. Wer Gottes Geheimnis wahrt, wird auch sich selbst ein Geheimnis bleiben. Wer Gottes Würde anerkennt, der wird sich selbst in seiner personalen Würde erleben.

Das Sprachspiel der Liebe

Die Sprache des Gebetes ist vielmehr Liebessprache, eine Sprache, die am erotischen Sprachspiel teilhat. Eine lange abendländische Mystik ist wie selbstverständlich mit diesem erotischen Sprachspiel umgegangen. Auch E. Schneider bewegt sich unbefangen in diesem Sprachspiel, freilich in einer sehr freien und ungewohnten Art. Sie spricht von der unerwarteten plötzlich spürbaren Gewalt der Liebe: »Wenn Du einen willst« – »freie, wilde Liebe« – ein Gott, der auf unser »Dasein«, auf unsere »Wiederliebe« wartet.
Hören wir weiter hinein in dieses Sprachspiel. Sie fährt fort:

Aber
wir haben
nicht gelernt
in die Schatten
hineinzulieben

Wir
die wir
als Kinder
mit dem
Liebengott
aufgewachsen sind
die wir
unsre Mütter
gesenkten Hauptes
und gebeugt
das VaterunserderDubistimhimmel
haben beten
sehen

Wir
haben nicht gelernt
uns ins Hinterhältige
hinein
aufzurichten

Haben vergessen
dass Du den
der aus Dir
Fleisch
geworden ist
immer wieder
zu den Unordentlichen
Ungesetzlichen
ins Abseitige
geschickt hast

Halten wir wieder inne. Gebet heißt: in den Schatten hineinlieben lernen – ins Hinterhältige hinein sich aufrichten lernen –, sich ins Schicksal Jesu fügen lernen, sich mit Jesus ins Abseitige schicken lassen. Was sind das doch für Definitionen des Gebetes! Sie stehen weit über dem durchschnittlichen Gebetsverständnis. Aber gerade wer beten lernen will, muss sich denen anschließen, die diese Kunst gelernt haben. Die Unverfügbarkeit des An-Gebeteten kann den Beter, die Beterin auch in den Schatten, in die Nacht, in das Hinterhältige, in das Unverstandene, Unbegreifbare, ja in das Abseitige, in die Einsamkeit führen. Die Gotterfahrenen aller Zeiten könnten diese Aussage E. Schneiders unterstreichen.
Die Autorin weist dann auf die »Rechtwinkligkeit« hin, mit der wir Jesus begegnen und ihn immer wieder gegen den Nullpunkt hin reduzieren. Sie spricht aber auch von der Rettung Jesu, anders gesagt: von seiner Auferweckung. Auf diese Weise will Gott das Geheimnis Jesu im Beter, in der Beterin wiederholen, besser in uns aktualisieren, leben lassen.

Und dasjenige
was wir
nach unsrer

verurteilenden
Rechtwinkligkeit
von Ihm übrig gelassen haben
hast Du
gerettet
als Er sich schon verlassen
glaubte

Schickst es
seither
jedem Menschen
ins Fleisch
in den Leib

rufst es an
dass es lebe
in uns
in mir

Und nun kommt E. Schneider zu neuen Gebetsdefinitionen:

Du rufst
Dich in mir
an
und erreichst Dich selbst
nur
durch meine offenen Ohren

und antworten
kannst Du Dir
nur
mit meiner Stimme

nur
mit meinen Sinnen
meinen Gliedern
meinem Fleisch
meinem Leib

kannst Du Dir
selbst
entgegenleben
in dieser Welt

Ich weiß nicht
mein Gott
ob ich das alles
richtig verstehe

Deine Schöpfung
Deine Menschwerdung
mein Menschsein

Deine Größe
in mir zu wissen
ängstigt mich
und ich fürchte
Dich zu begrenzen

fürchte die Verantwortung

Wie kann ich
da sein
für Dich
mit allem
was ich bin

in allen Stunden
allen Tagen
allen Wochen
allen Jahren
meines Lebens

Wie kann ich
gelassen
leben
da doch das Leben

die Zeit
so kostbar ist

da doch ich
so kostbar bin

Ich weiß nicht wie
mein Gott

Allein
seit Tagen
umhüllst Du mich
in Deiner Behutsamkeit
mit Deiner Wärme
bist mir Rückhalt

und bist gewiss
da
und ich bin
da

Glückliche Tage
unsrer Liebe

Gebet ist also nach E. Schneider ein Hineingenommensein in die Inkarnation, ein Teilhaben an Jesus von Nazaret. Gebet ist eine Art Selbstgespräch Gottes: Er ruft sich an in mir, er gibt sich Antwort in mir. Ich werde sozusagen zu einer Brücke zwischen Gott und Gott. Gebet heißt also, sich in den Kreislauf der göttlichen Dreifaltigkeit hineinnehmen lassen, die Größe Gottes in sich tragen... Was ist das doch für eine Sicht des Gebetes! Der Mensch ein göttlicher Ort, wo Gott Gott ruft, wo Gott Gott antwortet, wo Gott Gott erreicht. Mystisches Liebesglück. – Nochmals: Das Gebet, wie es hier greifbar wird, ist ein Gebet, das am Ziel ist. Aber woher, wenn nicht von der Vollendung her, könnte man das Gebet definieren?

Das Hinhalten der eigenen Gefühle

Was bei diesem Gebet auffällt, sind die kurzen Sätze, die Satzteile, die Fragen und Ausrufe: Wer versteht dich schon? – Was tun sie mit mir? – Wie kann ich dasein für Dich? – Wie kann ich gelassen leben? – Wir haben verlernt – wir haben vergessen ... – Da geht es um das Leiden an Gott, das Leiden an der Kirche, das Leiden an sich selbst, um Mangel und Fülle, um Sehnsucht und Erfüllung, um erlebte Kostbarkeit und Würde ... Gebete – das sind bei E. Schneider und wohl grundsätzlich dargebotene Gefühle, ausgesprochene Befindlichkeiten, Emotion und Leidenschaft, offengelegte Existenz, hingehaltenes Empfinden. Und dies ist natürlich abhängig von der jeweiligen Situation. Da gibt es Fragen, Rückfragen an Gott. Überhaupt: Das einzige Thema des Gebetes ist Gott, ich als Beter, als Beterin vor Gott, Gott in seiner Zuwendung zu mir hier und jetzt. Noch bevor Gebet Bitte, Fürbitte, Dank oder sonst etwas ist, ist Gebet Begegnung, in der sich die beiden »Gesprächspartner« zur Frage und zur Antwort werden.

Angesichts der Gebete, welche uns von den Gebetskundigen tatsächlich gegeben sind, ist es müßig, theoretisch über Sinn und Unsinn des Gebetes als »Gespräch« nachzudenken. Dies wäre ein Rückfall hinter L. Wittgenstein, nach dem ein »Sprachspiel« nicht von außen her kritisiert oder gar in Frage gestellt werden kann. Eine theoretische Erörterung, die nicht die konkreten Gebetserfahrungen und die tatsächlichen Sprachformen, die diese gefunden haben, reflektiert, wird auch der philosophischen Aufgabe nicht gerecht.

Von Beginn an macht sich E. Schneider in ihren »Gesprächen« selbst zum Thema. Da ist die Rede von Angerufen- und Gehaltensein, ja von Gebundensein:

Du
hast mich angerufen
hast mich gehalten
und lässt nicht von mir

So
lasse ich denn nicht von Dir
und werde nicht von Dir lassen

Die Rede ist von Zwang, von anhaltender Einsamkeit, von Gottesschwere, von Gravitation, von Unruhe, von Verlorenheit, von Ergebenheit und Angst, von Einholung, Heimholung durch Gott, von Getriebensein, Enge, Ausgeliefertsein an Gott, von Verlieren und Wiederfinden... Ein ganzer Wasserfall von Gefühlen stürzt uns hier entgegen, bis die Beterin ganz da ist vor Gott, so wie Gott ganz da ist für sie.

Was zwingst
Du
mich
mein Gott
in Einsamkeit
wieder
und wieder

Was
schwerst
Du
mein Sein
seit je
mit der Gravitation
nach Dir

Was
beunruhigst
Du
mich
und
drängst mich
aus
Ordnung und Ausrichtung
in Verlorenheit

Was
kommst
Du

mich an
Gewaltiger
Fremder
bis ich mich
Dir
im Grunde
meiner Ängste
ergebe

Was
schöpfst
Du
gerade in mir

So
hast Du
mich
denn
nun
eingeholt
heimgesucht
mein Gott

vehement
und
ungestüm
wie Du bist
hast Du
mich
heimgesucht

hast mich
in Enge
und Angst
getrieben
bis ich Dir
unausweichlich

ausgeliefert
gewesen
bin

Gewaltig
Waltender
Du
lässt nicht
von mir
Du lässt
mich
nicht

Willst mich
immer wieder
willst
in mir
wirken
willst
mich
immer wieder
schöpfen

Wann
mein Gott
sind wir uns
vergegnet
dass Du mich
dermaßen weit
hast
herholen
müssen

Ich bin da
Ich bin da mein Gott
bete ich
jeden Tag

Jeden Morgen
stehe ich
in dieses mein Gebet:
ich bin da

Jeden Abend
setze ich
mich
hin:
ich bin da

Großer
Mächtiger
Liebender:
ich bin da

und lebe
und arbeite
und bin
so gut
ich vermag

Du hast mich angerufen:
da bin ich

Tag um Tag
hab' ich so gebetet
seit Deinem großen Anruf
an mich

hab' Dich
angerufen
wenn ich
Antwort
suchte

Ich glaubte
da zu sein

in mir zu sein
in Dir zu sein
und bin doch
in die Irre
gegangen
bis Du mich
wieder heimgesucht
hast

Mit Deiner Unberechenbarkeit
in Deiner Unfassbarkeit
hast Du mich
heimgesucht

Wann
mein Gott
haben wir
uns
verloren

Aber
wie lässt Du
Dich finden
Du Dunkler
Du Schwerer

Immer wieder
nicht
lässt
Du Dich
einordnen

willst
neu werden
in mir

willst mich
neuen

sprengst mir
Ordnung
und Einrichtung

Du schöpfst
mit derselben Kraft
mit der Du
Himmel und Erde

mit der Du
den ersten Menschen
erschaffen hast

wirkst in mir
mit derselben Gewalt
mit Deiner
Dir eigenen
ewigen
Gotteskraft

allmächtig
tust Du
Dein Werk
nach Deinem
Gesetz
das ich nicht
verstehe

Wie
soll ich
nur
leben
mit Dir

Unordentlicher
Unberechenbarer
Bezwingender

Eine schwere Liebe
ist das

bin gebunden an Dich
bin verloren an Dich

»Mich neuen«, »in mir schöpfen«, einander »vergegnen« – nur wieder ein paar Worte, die unverbraucht sind. Nein, da ist auf langen Seiten und in vielen Atemzügen, tage- und stundenlang, keine einzige Bitte ausgesprochen worden. Das Gebet ist unverzwecktes Dasein vor Gott, nicht Wollen und nicht Wünschen, aber Sich-Zeigen, Sich-Hervor-Rufen-Lassen in die eigene einmalige Existenz, in die Unaustauschbarkeit der Person.

Das Paradox

Bei E. Schneider sind Bitte und Fürbitte offenbar sekundäre Ausdrucksformen des Gebetes.
Erst etwa in der Mitte des Büchleins kommt es zu Bitten. Aber auch diese Bitten sind noch einmal in das primäre Gebetsthema einbezogen. Es geht darum, dass das Ineinander von Betender und Angebetetem erhalten bleibt, und dies in Freude. Auch hier kommt es wieder zu einer mystisch-poetischen Sprechweise: Die Liebe ist es, in der sich die Betende und der Angebetete immer wieder für einander erschaffen.

Schick mich
nicht wieder
verloren
Du
wenn es sein kann
hörst Du
oder lass mich
mindest
immer
diese tiefe Freude
erinnern
die jetzt
in mir ist

Diese Freude
über unsre Liebe
die immer wieder
so neu
aufbricht
als sei sie
nie dagewesen

diese Liebe
die macht
dass wir
uns
selbst
und einander
immer wieder
neu erschaffen

In der Folge wird E. Schneider immer mehr zu paradoxen Aussagen getrieben. Das Paradox ist eine typisch religiöse Sprechweise, in der das Gegensätzliche zur Einheit findet. Auf diese Weise, hat man den Eindruck, kann eigentlich nur die Liebe sprechen. Ich kennzeichne die gehäufte Paradoxie in der nachstehenden Gebetseinheit *kursiv*.

Hast Du
das gewollt
mein Gott
hast Du
diese Liebe
erschaffen

hast Du
mich
so erschaffen
hast Du mich
von je
auf Dich hin
angelegt

Wie kann ich nur
so stark
an dieser Liebe
halten
die doch
so unhaltbar ist

An Dir
ist nichts
Fassbares
als dass Du
der Unfassbare
bist

an Dir
ist nichts Bleibendes
als dass Du
der Erschaffende
bist

und mit allem
was Du erschaffst
schöpfst Du Dich
selbst neu

Und ich
wenn ich mich
auf Dich einlasse
wenn ich mich
Deiner Liebe
hingebe
bin eingebunden
in Dein Erschaffen
werde selbst
immer wieder neu

Und doch
bist und bleibst Du

Dich
bestimmt
und ewig

und ich
bin und bleibe
mich
endlich
und menschlich

Wie kann sich
solches
nur verbinden

Gott ist der ewig Neue, der stets und bleibend sich selbst Erschaffende! Welche Gottestiefe! Welches Staunen liegt doch in diesen paradoxalen Aussagen.
Die Sprache der Liebe wagt ein noch viel grundsätzlicheres Paradox: eine von Milliarden von Menschen zu sein, aber doch die einzige, die sich geliebt weiß und in einer exklusiven Liebe mit dem Liebenden verbunden ist. Was ist da noch die Welt? Was sind die Menschen?

Aber
wie soll ich
Mensch sein
in der Welt

Was tun wir nur
mit der Welt
mein Gott

mit all dem Unnötigen
dem Nötigen
im Alltag

Was tu' ich
nur

mit all
den andern Menschen
die da sind

Manchmal
wünschte ich
ich könnt'
der erste Mensch
gewesen sein

so gäbe es
nur Dich
und mich
dann wär' ich
dieser Ausschließlichkeit
gewiss

dann genügte es
nur dich
und mich
zu lieben

Aber so
Ewiger
was genügt denn
so

da ich eine
von Milliarden bin

da neben mir
da mit mir
soviele andre
Menschen
leben

da soviele sind
die der Liebe
bedürfen

Du
warst
und bist und bleibst
immer
der Eine
kannst
in Deiner Göttlichkeit
wohl
jeden von uns
ausschließlich
lieben
tust dies
seit Adam
mit unerschöpflicher Kraft

Vervielfachst
verunendlichst
Deine Liebe
zu Deinem Wesen
dem Menschen

als ob es
Dein Kostbarstes
wäre

Keinen von uns
liebst Du weniger
als dass Du
Adam
von je
geliebt hast

mit Leichtigkeit
liebst Du so
und in Deiner ganzen
Schwere
auch

In der Folge meditiert E. Schneider die Schöpfungsgeschichte, den Sündenfall, das Leiden und den Schmerz des gottlosen Menschen, die Sehnsucht nach Gott, das Schicksal Jesu – und dies in immer wieder neuen und unverbrauchten Bildern. Es ist schon bedeutsam, dass die Beterin im Anblick Jesu zur Solidarität mit den anderen Menschen findet:

Du hast mich
zu den Menschen gerufen
und rufst mich
zu Dir

so bin ich

gekreuzigt
zwischen den Menschen und Dir

Grausamer Weg
grausamer Gott

Ich möcht' mich hinwerfen
auf diese Grenze
und zerschellen daran

möcht' den Tod
finden
gekreuzigt
wie ich bin

Würde nur
Er
noch leben
der Dein einer Mensch war

der den Weg
der Grenze
des Kreuzes

der Liebe
in seiner ganzen Stärke
in seiner ganzen Schwäche
gegangen ist

bewusst
und demütig
und aufrecht
gegangen ist

Könnt' ich
nur
in seine Augen
sehen
könnt' ich nur
zuschauen
wie er seine Schritte
bemisst
hören
wie er seine Stimme
erhebt

Könnt' ich nur
um diesen Mann
sein
und sehen und glauben
dass er nicht zerbirst
an der Sehnsucht
am Menschsein

Würde nur
Er
noch leben

aber
er ist nicht mehr
im Hier

Er
ist in Dich
hineingestorben
und seitdem
hält er
unsereins

Ich zerschelle nicht
an der Grenze

ich sterbe
nicht am Kreuz

ich zerberste nicht
an der Existenz

ich auferstehe
immer wieder
in aller Härte
in aller Sehnsucht

zum Leben
zum Lieben

Der Kern der Bitte: Mystik und Solidarität

E. Schneider spricht im weiterer Verlauf ihrer Gespräche von der »Kommunion«, »dem Wunder seltener Augenblicke«. Aber sie ist sich bewusst, dass das mehr ist als das intime Glück eines einzelnen Menschen. Und erst an dieser Stelle kommt es zu einem zweiten Bittgebet:

So lass uns ruhig sein
in dieser Liebe
so lass uns ruh'n
in unsrer einen Liebe

So lass uns
leben

Tag für Tag
mit Menschen
und allem
was wir uns schaffen

So lass uns
ganz innig
und still
und dankbar
unsre Liebe bergen
in den Tiefen

lass uns
darin gründen

und leben
Tag für Tag

Erst die erfahrene Einheit mit Gott, die Beheimatung im Geheimnis der allem vorausliegenden Liebe führt zu einem gelungenen Dasein in der Welt und unter den Menschen. E. Schneider erzählt dann von einer Zweisamkeit mit einem Menschen, in der das Geheimnis Gottes spürbar anwesend war.

Das macht mich
froh
Du
dass Du kommst
wenn ich mit Menschen
bin
dass Du da bist
wenn ich mit Menschen
bin

Jetzt noch
bin ich erstaunt
über die Selbstverständlichkeit
Deiner Anwesenheit
gestern

und der Zauber
davon
klingt noch
in mir nach

Und nun entsteht aus dieser Erfahrung heraus das großartige Finale, ein einziges Bittgebet für die Welt, das wesentlicher nicht sein kann. E. Schneider weiß, dass sie gebraucht wird, dass Gott sich »einsinnen, eindenken, einwelten«, ja »einmitten« will – und stellt sich dafür zur Verfügung: im Wort und auch in der Tat. So wird deutlich, dass das Gebet der Ort ist, an dem Mystik und Solidarität zusammenfallen.

Aber Du
brauchst uns
brauchst mich
mich
mit meinem Leib
meinem Fleisch
meinem Blut

Du musst Dich
einverleiben
einsinnen
eindenken
einwelten
können

Wie sonst
solltest Du
schöpfen
und lieben
im Hier

wie sonst
könntest Du
Deine Arbeit
tun

So
nimm mich
denn nun
und lebe
in mir

lebe Dich
aus mir
hinaus
in die Welt

Wie sonst
soll ich
lieben
und schöpfen
im Hier

wie sonst
kann ich
meine Arbeit
tun

Aber
sei behutsam
wenn Du mich
überkommst

Du bist mir
in Deiner Sanftheit
noch Gewalt
und fremd
genug
und
lass uns
Räume
und Zeiten
schaffen

in denen es
still ist
ganz still

damit wir
miteinander
reden
und schweigen
können

und wenn ich mich
verkrieche
in dunkle Nischen

lass mich
und hüte mich

dass ich gesunde
wenn ich erschöpft
und wund bin
von dir

und
sei mir Kraft
wenn ich verloren
gehen muss
im Offenen
im Leeren
um Dich
neu
zu finden

Und
Du
wenn es sein kann

schick mir
ab und zu

einen Menschen
mit dem ich
von Dir
und Deiner Liebe
reden
und schweigen
kann

mitte Dich
ein
bei uns

Das Ringen um eine angemessene Gebetssprache

Schon mehrmals habe ich betont, dass E. Schneiders veröffentlichte »Gespräche« Gebetssprache am Ziel sind. Hier, am Ziel zeigt sich ein Zweifaches:

- Was Gebet letztlich ist: Gebet ist der tiefste Vollzug der eigenen Identität. Denn unser Dasein ist ein Herausgerufensein, Ek-sistenz, Heraustreten aus dem Dunkeln, einmalige Antwort, personale Existenz.
- Wie eine Sprache, die das Dasein wirklich vollzieht, aussehen kann. Ich habe einige Gesichtspunkte herausgestellt.

Nun muss aber auch gesagt werden, dass diese Sprache am Ziel nicht einfach selbstverständlich gegeben ist. Beten ist immer auch eine Gabe, die uns geschenkt ist. Beten ist darum keine Selbstverständlichkeit. Der Sprache des Zieles geht die Sprache und Sprachlosigkeit des Weges voraus. Dazu möchte ich noch einiges sagen.

Die Ohnmacht

Viele Menschen wollen beten, aber sie können es höchstens in der Form vorgegebener Gebete. Die eigene Sprache zu finden ist zwar ein Ziel, auf das jeder und jede hinsteuern soll. Aber zuerst einmal braucht man Sprachhilfen, ein Geländer, an dem entlang jemand gehen kann. Das Echo auf mein Gebetbuch »Gott, der mich atmen lässt« zeigt mir, wie wichtig solche Texte sind. Dabei ist wichtig zu sehen, dass man nicht immer alles schon nachvollziehen können muss. Man kann schließlich in die große Vorgabe der Sprache hineinwachsen.

Doch muss an dieser Stelle das ohnmächtige Stammeln, das hilflose Fragen, das erschütterte Verstummen, das Nichtverstehenkönnen, das Murren, das Zweifeln, das Fluchen, aber auch der staunende Ausruf, die Verwunderung und so weiter besonders erwähnt werden. All dies ist Gebet, Gebetsruf, Gebetsschrei. Selbst in der Krise steht der Mensch vor Gott, und er darf diese ohnmächtig, stumm oder schreiend ins Antlitz Gottes werfen.

Und noch vorher gibt es die Leere, die keine Worte findet, die Gefangenschaft, aus der man mit Worten ausbrechen will, die Sehnsucht, die keinen Ausdruck findet. Als Beispiel möchte ich einen Text eines geheilten Aphasikers erwähnen. Rückblickend beschreibt er seine Situation auf eine Weise, die von grundsätzlicher Bedeutung ist:

Beten

1
Ich erinnere mich ganz genau,
mein tiefes, mein brennendes Bedürfnis:
ich wollte beten,

fand aber keine Wörter
und auch nicht die Worte.
Beten war unmöglich.

Ich hätte alles gegeben,
wenn ich wieder hätte beten können –
nur ein Wort!

Ich bat, weinte, schrie –
ich war allein.

Die fürchterlichste Strafe:
Einsam, ohne Wörter, ohne Worte –
und Gott schwieg.
Er hatte mich verlassen.

Ja, ich wollte beten,
mein Herz brannte lichterloh –
suchte, sehnsüchtig.
Wenigstens ein einziges Wort –
finden, erhaschen.

Aber mein Hirn war stumm –
nicht störrisch, nicht verstockt,
sondern gelähmt, stumpf, leer,
leer wie schwarze Löcher.

Ich war beunruhigt, hatte Angst:
Jetzt bin ich
abgeschnitten
von den Menschen,
von meiner Kultur,
von meiner Sprache
getrennt;
irre in der Leere,
entstellt,
nur ein Schatten meiner selbst:
ein Namenloser.

Ich lebte wie in öder Steinwüste
inmitten von so vielen Beschäftigten in der Klinik,
liebenswürdige, tüchtige, emsige.

Da versteckte ich mich
in der kalten, leeren Kirche von Valens,
verbarg mich,
kniete in der fünften Bank auf der rechten Seite –
ganz links – ein Häuflein Elend.

Mein Hirn tobte,
meine Tränen flossen,
ich schluchzte –
und die Wörter und die Worte schwiegen – .

Es war dunkle, schwarze Nacht,
um drei Uhr am Nachmittag.

2
Dort schenkte mir meine schwarze, dunkle Seele
einen Augenblick lang
eine Farbe.

Ich weiß, ich weiß genau,
es war ein helles Gelb –
nur ein Spalt,
wie ein Auge,
in der linken oberen Ecke
der Butzenscheibe
im Seitenfenster,
sehr nahe am Leidensaltar.

Das Schattenspiel dieses Fensters,
gelbweiß, trüb und dumpf, war meine
Rettung.

Ich kann es nicht erklären
und will es nicht erklären.

Dieses Schattenspiel mitten im Oktober
war für mich Ostersonntagmorgen:
ein Geschenk, nur ein Schattenspiel,
mein Gebet,
stumm,
ohne Wörter und ohne Worte.

Ich begann, die Figuren auf dem Altar
mit der linken Hand – die rechte war noch halb gelähmt –
nachzumalen in der Luft,
stehend in der Bank.

Das wiederholte ich jeden Tag,
einmal in der Früh,

einmal um drei,
mein pantomimisches Gebet.

Über Lichtschatten fand ich zu den Figuren,
dann sachte, behutsam zu den Szenen am Altar
in der kleinen, warmen Kirche von Valens.

3
Alles ohne Wörter, ohne Worte –
furchtbare Sprachverstümmelung –
Aphasie.

4
Jetzt, nachdem ich wieder sprechen und schreiben kann,
schäme ich mich fast ein bisschen,
die stumme Geschichte zu erzählen.
Ohne Wörter und ohne Worte zu beten
habe ich längst wieder verlernt.

Wortlos beten, andächtig,
murmelnd beten,
und das stumme Beten des Verstockten –
diese alle –
kenne ich.

Aber,
der worthörblindstumme Beter –
sein Beten ohne Wörter, ohne Worte –
einer, wie ich es war,
versteht nur das stille,
leichte, lichte Schattenspiel:
Kontemplation.
Jörg Grond (20.8.99)

Anmerkung des Autors
Am 7. September 1998 erlitt ich, 57-jährig, ohne Vorzeichen einen schweren Hirnschlag mit rechtsseitiger Lähmung und einer globalen Aphasie, das heißt ich konnte nur noch in ganz konkreten Situationen Sprache verste-

hen, nur noch drei Wörter sprechen, und lesen und schreiben waren unmöglich.
Bevor das erste schwierige Jahr nach meiner tiefen Erkrankung vorbei war, schrieb ich dieses Gebet aus Dankbarkeit, dass ich überleben durfte, meist zufrieden war, mir ein neuer Friede geschenkt wurde und treue Menschen zu mir standen. Diese hielten oft wortlos und still meine Hand. Diese Hände – und eine unsichtbare Hand – haben mich gestützt, bis ich allein mein Lebensfeuer hüten konnte. Erst dann war ich bereit, mich mit meinem Los zu versöhnen. Und jetzt war ich kräftig genug, um auch die Wort-Sprache an mich heran zu lassen.

Zizers, im Februar 2002 *Jörg Grond*

Gebetsakte

In E. Schneiders »Gesprächen« fehlen die alltäglichen Gebetsakte weitgehend. Schlichte Sätze des Dankens, des Fragens, Bittens, Bettelns, Zweifelns, des Staunens, des Widerstandes, der Solidarität..., und dies vor Gott, von ihm her, auf ihn hin. Da braucht es keine Kunstsprache, wichtig ist einzig und allein die Authentizität, mit der das Innere zum Ausdruck gebracht wird. Ich habe dafür in einer kleinen Broschüre (»Grund, aus dem ich lebe«) ein paar Hilfen bereitgestellt.

Das Grundwort

Vor allem habe ich da darauf hingewiesen, dass es wichtig wäre, ein Grundwort zu finden, in dem man sich einsammeln und seine Identität wieder finden könnte. Solche Grundworte können sich im Lauf der Zeit ändern, wie sich von selbst versteht.

Das Wort der Liebe

Eine solche sammelnde Gebetsübung hat bereits jenen mystisch-kontemplativen Charakter, den wir bei E. Schneider greifen, vor allem aber in der Empfehlung der »Wolke des Nichtwissens«, einer Schrift aus dem 15. Jahrhundert. Diese Schrift eines unbekannten englischen Kartäusers empfiehlt vor allem Einsilber, die von der Liebe durchglüht sind. Denn mit dem Verstand kann man die dicke Wolke, die zwischen uns und Gott liegt, nicht durchdringen. Doch die Glut der Liebe vermag es. Hier der betreffende Abschnitt:

»Falls du dieses Sehnen in ein Wort fassen willst, um es besser gegenwärtig halten zu können, nimm ein einsilbiges; das ist besser als eins mit zwei Silben. Je kürzer es ist, desto besser entspricht es dem Vollzug der Übung. Solch ein Wort wäre ›Gott‹ oder ›Lob‹ (Urtext: Love). Wähle eines von beiden oder auch ein anderes, das dich anspricht. Nimm dieses Wort so tief in dein Herz, dass es dort bleibt, was immer auch geschehe.
Dieses Wort sei dir Schutzschild und Speer im Kampf wie im Frieden. Mit diesem Wort sollst du in die Wolke und in die Dunkelheit über dir eindringen und zugleich alle zerstreuenden Gedanken abwehren und entschieden unter die ›Wolke des Vergessens‹ bringen. Bedrängt dich ein Gedanke mit der Frage, was dein Tun für einen Sinn habe, antworte ihm nur mit diesem einen Wort. Wenn der Gedanke versucht, dir mit großem theologischem Wissen das Wort auszulegen und dir seinen Gehalt im Einzelnen zu beschreiben, sag ihm, du möchtest es lieber als Ganzes haben und nicht zerlegt oder erklärt. Wenn du dich so verhältst, kannst du sicher sein, dass er dich nicht länger zerstreut. Warum? Einfach deshalb, weil du nicht zulässt, dass er sich an nährenden Betrachtungen, wie oben erwähnt, kräftigt« (Kap 7, M2 44ff).

Der gemeinschaftliche Vollzug des Daseins und seine sprachliche Gestalt in der christlichen Liturgie

In diesem dritten Kapitel setze ich die bisherigen Ergebnisse voraus:

- Das Gebet gehört zur poetischen Sprache des Menschen: Ein Gebetstext muss die poetischen Verfahren spiegeln, die einen Text zu einem Gedicht machen.
- Das Gebet ist die Art und Weise, wie der Mensch seine Identität wahrnimmt und auf das Du Gottes hin überschreitet. Erst in dieser Selbstüberschreitung findet der Mensch zu sich selbst.

Beides ist nun auf den »gemeinschaftlichen Vollzug in der Gestalt der christlichen Liturgie« zu übertragen. Freilich zwingt diese Aussage zu einigen grundsätzlichen Bemerkungen.

Grundsätzliche Bemerkungen

Der mystische Kern der christlichen Liturgie

Es dürfte sich eigentlich von selbst verstehen, dass die Sprache einer Glaubensgemeinschaft nicht beliebig und unverbindlich sein kann. Sie muss vom mystischen Kern dieser Glaubensgemeinschaft her geprägt sein und immer auch auf ihn hinweisen.
Dieser mystische Kern, der von der christlichen Glaubensgemeinschaft gefeiert wird, ist der Mensch gewordene, gekreuzigte und auferstandene Jesus, anders gesagt: das Geheimnis des dreifaltigen Gottes. Dieser Kern wird heute immer mehr reduziert, banalisiert, aufgelöst. Der eine streicht die Dreifaltigkeit, der andere die Auferstehung, der dritte die ganze Christologie, der vierte dann auch die radikale Reichgottesverkündigung, bis nichts mehr übrig bleibt als eine fade Suppe, die niemand mehr isst.
Viele, die eine neue liturgische Sprache fordern, bewegen sich denn auch von vorneherein auf einer falschen Ebene. Sie zeichnen sich aus durch einen Verlust der Mitte. Da muss grundsätzlich bedacht werden: Das Sprachspiel, das eine Gemeinschaft spielt, ist an die dahinter liegende Lebensform gebunden. Diese

Lebensform allein bestimmt die Worte, die sie spricht. Die Sprache kann und darf nicht von den Distanzierten oder gar von Ungläubigen her bestimmt werden. So wie die Sprache der Fußballer auch nicht von denen bestimmt wird, die vom Fußball keine Ahnung haben.

Ich erwähne das Beispiel eines Leserbriefschreibers (Schubert), eines Priesters, der sich »geniert«, zum Beispiel von »Söhnen und Töchtern Gottes« zu reden oder von »Dienerinnen und Dienern« oder von »Lamm Gottes«. Alle drei Begriffe lassen sich aber – mit unterschiedlichen Begründungen – durchaus nachvollziehen, wenn den Begriffen die entsprechende Lebensform und deren mystischer Kern vorausgesetzt werden. Noch vor dem Sprachproblem ist also das Glaubensproblem zu diskutieren. Mit E. Biser (16) beklage ich die »Konzentrationsschwäche«, die unsere Gemeinden befallen hat. Ohne den mystischen Kern verliert der christliche Gottesdienst seine Tiefe und seine gesellschaftliche Gestaltungskraft.

In allen seinen Teilen bezeugt der Gottesdienst das Evangelium als Evangelium, die frohe Botschaft von der bedingungslosen und voraussetzungslosen Liebe Gottes: Gott ist Liebe – und sonst nichts! Nicht ein Individuum, das sich selbst als Mitte etabliert und unsere Zuwendung fordert, nicht ein Potentat, der Unterordnung und Unterwerfung verlangt, und vor allem nicht ein großer Kapitalist, der sich als Eigentümer versteht, der über seinen Besitz wacht und schaut, wie er ihn vermehren kann. Wir bezeugen vielmehr einen Gott, zu dem die Armut viel wesentlicher gehört als der Begriff »Reichtum«. Gott ist nichts anderes als sich hingebende Liebe, ein Sein, das sich gibt, sich schenkt, sich verausgabt, sich verströmt, ein »être oblatif«, wie es M. Zundel (Donzé) sagt, ein leider in unserem Sprachraum (vgl. A. Odermatt) wenig bekannter franziskanisch inspirierter Theologe (= »Vater«). Und Gott ist die bleibende Gegenwart dieser entäußerten, »kenotischen« Liebe, verletzliche, verwundbare, ohnmächtige Liebe, lauter Hingegebenheit, die uns erotisch und ästhetisch fasziniert, zur Nachahmung und Nachfolge animiert und immer wieder zum Fest und zur Feier zusammenführt, Liebe, die für uns in Krippe, Kreuz und Eucharistie gegeben ist, Liebe, die in der historischen Gestalt Jesu auch historisch greifbar bleibt, aber sich selbst bis heute aktualisiert, verheutigt, vergegenwärtigt, sich für unsere Empfänglichkeit bereithält (= »Sohn«). Und Gott ist die gemeinschaftsstiftende, kommunikative Liebe, die Liebe, die durch die Hingabe Jesu entfesselt ist und in jedes Herz einzieht, die Liebe, die alle bewohnen will und alle miteinander verbindet, die Liebe, die einen neuen Bund begründet, eine neue Verbundenheit unter den Menschen und zwischen allen Geschöpfen, eine Verbundenheit, die schließlich zur Allversöhnung führen wird (= »Geist«).

Idolischer Umgang mit dem mystischen Kern

Nun muss natürlich zuerst auch die Kirche mit ihrem mystischen Kern angemessen umgehen. In einem Gebet wirft E. Schneider der Kirche vor, sie würde zu dinglich mit dem unverfügbaren Geheimnis Gottes umgehen. Der neuesten Vatikanischen Instruktion über die Volkssprache in der Liturgie (28. März 2001) – ein Dokument, das übrigens der Intention des II. Vatikanischen Konzils und dem gesetzten Recht der Kirche widerspricht – ist genau dieser Vorwurf zu machen. Die Kirche erscheint darin wie ein durch die Geschichte wanderndes Subjekt, das ihre Sprache durch alle Jahrhunderte durchhalten muss; selbst in den Übersetzungen müssen die Begriffe identisch bleiben. Die Gebetssprache, sagt die Instruktion, spiegelt nicht in erster Linie die innere Verfasstheit der Gläubigen, sondern drückt »Wahrheiten aus, welche die Grenzen des Ortes und der Zeit übersteigen«. Sie folgert daraus, dass die Gebetssprache zentral verwaltet, kontrolliert und bestätigt werden muss. Dies aber widerspricht dem inneren Wesen der Gebetssprache selbst, wie wir gesehen haben. Gerade da, wo es um eine innige Verbundenheit einer Glaubensgemeinschaft mit ihrem Gott geht, tritt die Institution mit einem idolatrischen Anspruch dazwischen: Begriffe werden absolut gesetzt – zum Schaden der mystischen Kernerfahrung selbst.

Joachim Wanke aus Erfurt verlangt darum zu Recht mehr Eigenverantwortung der Bischöfe in der Liturgie. »Da gibt es Tendenzen, alle Texte und Formen sehr stark an die Zentrale anzubinden. Ich wünsche mir das Vertrauen, dass Bischofskonferenzen oder Diözesen mit gelegentlichem Wildwuchs selber fertig werden« (CiG 24/01, 194). Noch grundsätzlicher aber gilt die Feststellung B. Caspers, die auch und gerade für das Sprachverhalten gilt:

»Insofern in den Religionen als verfassten Sozialitäten aber als deren ernsteste Versuchung die Versuchung gegeben ist, sich in idolischer Weise absolut zu setzen, wird es für die Religionen selbst in der kommenden Geschichte ebenso von entscheidender Bedeutung sein, dass sie sich dieser ihrer eigenen Gefährdung bewusst werden und sie überwinden. Sie bedürfen als verfasste Gebilde menschlichen Miteinanders selbst immer wieder der Bekehrung, um gottesfürchtig zu bleiben« (147).
Diese idolische Wortklauberei – ob des Vatikans oder der Bischofskonferenzen – verdirbt den mystischen Kern. Die Riten und Texte, an denen Arbeitsgruppen jahrelang gearbeitet haben, sind bisher alle entweder an den Mauern der Institution abgeprallt oder bis zur Unkenntlichkeit verstümmelt in die liturgische Praxis überführt worden. Kultur- und Sprachkompetenz aus der mystischen Kernerfahrung heraus ist nicht eine Sache der Verwaltung, wie wirklich geistliche Menschen eigentlich wissen müssten.

Charismatische Sprachkompetenz

Fragwürdig ist meiner Meinung nach freilich auch die sicher verdienstvolle Arbeit der Arbeitsgruppen, in denen viele unterschiedliche Kompetenzen aus Wissenschaft und Praxis zusammenfließen. Ich selbst habe eine Zeitlang in einer solchen Arbeitsgruppe mitgewirkt, bin dann aber wieder ausgestiegen, nicht nur weil die Akzeptanz der Texte durch die verwaltende Institution ungesichert war, sondern weil eine solche Gruppe ganz einfach überfordert ist, einen poetisch-mystischen Text zu verfassen. Dazu braucht es ein besonderes Charisma, das mit einer theologischen, psychologischen, liturgischen, linguistischen, praktischen und anderer Kompetenz noch nicht schon ohne weiteres gegeben ist. Irmgard Pahl, die Leiterin der Gruppe, stellt in ihrem erhellenden Rechenschaftsbericht fest:
»Es gibt Stimmen, die sagen, der Aufwand hierfür sei zu groß. Es wäre besser, einen einzelnen, etwa einen Ordensmann mit der Aufgabe zu betrauen, der dann etwa ein Jahr lang in Klausur ginge, und die Sache wäre getan. – Mag sein! Ich bezweifle aber, dass sie auch gut getan wäre (128).«

Ich halte entgegen: auf jeden Fall besser als Texte, die aus lauter Kompromissen bestehen. Aber auch ein Ordensmann hat natürlich die geforderte Sprachkompetenz nicht schon deshalb, weil er Ordensmann ist. Es braucht dazu Dichterinnen und Dichter, die aus der Kernerfahrung des Christentums leben. Und solche gibt es Gott sei Dank im deutschen Sprachraum genug: eine Silja Walter, ein Paul Konrad Kurz, um nur diese zu nennen. Es müsste auch nicht nur ein Einziger oder eine allein damit beauftragt werden. Und auch ein Gespräch mit den Autoren vor und nach der Textkomposition wäre ja nicht auszuschließen, um gewisse Formulierungen eventuell gemeinschaftsfähiger beziehungsweise nachvollziehbar zu machen. Die Kirche hat einfach zu wenig Vertrauen in das poetische Charisma ihrer Gläubigen.

Andere ideologische Hemmnisse

Es gibt noch andere ideologische Hemmnisse, die einen wirklich mystischen Gottesdienst verhindern. Ich formuliere sie in der Frageform, ohne intensiver darauf einzugehen:

- Muss denn ein liturgischer Text wirklich schriftlich niedergelegt und von einer kirchlichen Behörde bestätigt werden?
- Müsste man der Spontaneität und der sprachschöpferischen Kraft einer konkreten Gebetsgemeinschaft nicht viel mehr Raum geben?
- Müsste bei der Ausbildung der Priester und Pastoralassistenten/Pastoralassistentinnen nicht viel mehr Gewicht auf die Fähigkeit gelegt werden, im Sinne der großen Gebetstradition der Kirche spontan beten und vor allem vorbeten zu können?
- Muss es wirklich so genannte Präsidialgebete geben, Gebete, die allein dem Priester vorbehalten sind? Ist das nicht eine Vorstellung, die einem archaischen Kirchenbild angehört, nicht aber dem Communio-Gedanken, den wir heute fordern?
- Muss der Priester wirklich ein Mann sein, der unverheiratet ist? Würde nicht gerade auch das sprachliche Verhalten im positiven Sinn verändert, wenn die Erfahrungen von Verheirateten und Frauen in das kirchliche Amt gleichberechtigt aufgenommen wären?

- Müssen wirklich alle Lesungen vorgetragen werden? Ist die Trias »Alttestamentliche Lesung – Apostel – Evangelium« angesichts der verfügbaren Zeit und anderer Bedingtheiten des Gottesdienstbesuchers nicht eine Überforderung?
- Haben liturgische Anweisungen wirklich den theologischen Rang der Zehn Gebote?

All diese Fragen werden – je nachdem, wie sie beantwortet werden – auch auf die Gebetstexte Auswirkungen haben.

Nonverbale Sprache

Das Wort muss gerade auch in der Liturgie als Sprachereignis zur Geltung kommen. Es wird zu viel getextet! Es werden zu viele Texte vorgetragen! Darum möchte ich an ein Wort von F. Nietzsche erinnern:

»Das Verständlichste an der Sprache ist nicht das Wort selber, sondern Ton, Stärke, Modulation, Tempo, mit denen eine Reihe von Worten gesprochen werden – kurz die Musik hinter den Worten, die Leidenschaft hinter dieser Musik, die Person hinter dieser Leidenschaft: alles das also, was nicht geschrieben werden kann« (89).

Mit anderen Worten: Eine aktive Zuhörerschaft will das Wort vernehmen, und hinter dem Wort die Musik, und hinter der Musik die leidenschaftliche Betroffenheit; und hinter der Betroffenheit soll die Person des Verkünders/der Verkündigerin, des Beters/der Beterin ansichtig werden. Die Person muss – wenn es sich bei diesem Sprachereignis um ein Gebet handelt – das Gebet sozusagen verkörpern, sie muss Gebet sein, sie muss in der ganzen Haltung auf das Geheimnis verweisen, das er oder sie anspricht. Die entsprechende Haltung dafür ist seit alters her die Orantenhaltung.

An den nonverbalen »Hintergründen« des gesprochenen Gebetes relativiert sich der Gebetstext selbst: Ob spontan oder abgelesen, ob formal gut oder schlecht – dies und noch ganz anderes erscheint gegenüber der Verkörperung des Gebetes als sekundär. Ohnehin besteht die Kommunikation ganz allgemein zu 90% auf dieser nonverbalen Ebene.

Die Zeitbedingtheit der Wörter

Nun möchte ich freilich nicht den Eindruck erwecken, dass mir die konkrete Sprache, die Wörter, Begriffe, Bilder nebensächlich sind. Ich habe vor vielen Jahren ein Konzept vorgelegt, das bei den Liturgiewissenschaftlern beziehungsweise den kirchlichen Verantwortlichen kaum Beachtung fand. Ich nannte es die »kreative Reproduktion« (Liturgische Spiritualität). Nach diesem Konzept verinnerlicht der Beter/die Beterin einen vorgegebenen Text und bringt ihn dann schöpferisch hervor: entweder mit den gleichen Worten, aber von innen her, überzeugt und gestaltet; oder dann mit neuen Worten, die aus unserer modernen Erfahrungswelt stammen.

Dabei müssen wir feststellen, dass Worte und Bilder eine unterschiedliche Nähe zum mystischen Kern haben können, den es, wie gesagt, in der christlichen Glaubensgemeinschaft zu bewahren gilt.

Nehmen wir nochmals den oben erwähnten Leserbrief mit den drei beanstandeten Ausdrücken:

- **Der mystische Kern:** Zu diesem Kern gehört meiner Meinung nach das Gottesverhältnis, wie es in den Begriffen »Sohn« und »Tochter« zu greifen ist. Darin kommt eine Würde des Menschen und eine Intimität zum Ausdruck, wie sie kaum mehr überboten werden kann. Vielleicht überbieten nur noch die Ausdrücke »Geliebter/Geliebte« und »Freund/Freundin« die Familiarität von »Sohn« und »Tochter«. Diese Rede ist zwar auch metaphorisch, wie alles, was wir über das Gottesverhältnis sagen können. Wenn man zudem mit E. Biser und R. Rémond der Überzeugung ist, dass die personalen Kategorien zum bleibenden Kern unserer Tradition gehören, dann kann man kaum mehr verstehen, warum jemand diese Metaphern zum archaischen Bestand der Sprache zählt. Denn jeder ist auch heute noch der Sohn, beziehungsweise jede die Tochter gewisser Eltern. Wir haben darum in diesem Fall keine kulturelle Differenz in der Zeit.
- **Die kulturelle Differenz:** Nicht auf der gleichen Ebene befindet sich die »Metapher« »Dienerin« beziehungsweise »Diener«. Diese Bezeichnungen gibt es heute fast nur noch in einem negativen Sinn. Bereits das Wort »dienen« hat keinen positiven Klang mehr, wie auch die dazugehörige »Demut«. Hier zeigt sich die Aufgabe,

eine bedeutsamen Sache in eine andere Kultur zu retten: sich einer guten Sache unterordnen, ihr dienen, sich für das Wohl anderer engagieren, verfügbar sein, seine ganze Existenz als Disponibilität begreifen, Träger, Trägerin eines Auftrags zu sein. An dieser Stelle möchte ich einmal betonen, dass möglicherweise eine spätere Zeit, in der »dienen« und »Demut« eine bessere Konjunktur haben, über uns ein sehr negatives Urteil fällen wird. Wer ein Stück Selbstkritik oder Kulturkritik bewahrt, wird die Begriffe dieser Art nicht ohne weiteres abschaffen wollen. Er wird aber mit aller Phantasie die bezeichnete Sache auf eine Weise sagen, dass sie eher zu eigen gemacht werden kann. – Zu dieser kulturellen Differenz gehören auch »Herr«, »Herrscher«, »Herr der Heerscharen« und ähnliches. Da geht es um Bezeichnungen, die heute ausschließlich negativ erfahren werden. Aber auch hier geht es darum, wie wir das Gottsein Gottes anders ausdrücken, aber mit dem Gefühl der totalen Verwiesenheit, die sich aller Banalisierung entgegenstellt. Einfacher wäre es an sich, wenn es sich um eine eindeutige Sprachentwicklung handelt. Veraltete Wörter müssten ohne große Probleme ersetzt werden können: »Beschluss« zur Bezeichnung des Endes, »abkündigen« für »Mitteilungen machen«, und so weiter.

- **Die poetische Lust:** Das dritte Wort, das der Leserbriefschreiber beanstandet, ist das Bildwort »Lamm Gottes«. Selbstverständlich gehört diese Redeweise nicht notwendigerweise zum Grundbestand der religiösen Rede. Denn zwischen der bezeichneten Sache und dem verwendeten Wort ist die Distanz größer als etwa bei den Metaphern »Sohn« beziehungsweise »Tochter« oder auch bei »Diener«. Auf der anderen Seite gibt es bei uns immer noch die Bewunderung der Sanftheit eines kleinen Schäfchens, und vor allem gibt es den sinnlosen Tiertransport. Die Sympathie der meisten ist auf der Seite der Schafe, die zusammengedrängt über Tausende von Kilometern zum Schlachthof geführt werden. Wer könnte darin nicht eine Metapher für das immense Leid der Unschuldigen erblicken oder den Jesajatext (Jes 53), der auf Jesus (Joh 1,29; Offb 5,6.12) bezogen wurde, nicht verstehen? Die mit dieser Metapher bezeichnete Sache steht im Mittelpunkt der Theologie des heiligen Johannes und spiegelt sich in vielen liturgischen Texten. Wenn man sich nicht von der Tradition loskop-

peln will, muss das Bildwort verständlich gemacht werden. Aber es gehört sicher nicht zum Kern selbst. Das Gemeinte kann auch durch andere Metaphern zum Ausdruck gebracht werden.
Zwischen diesen drei Schichten der poetischen Sprache ist zu unterscheiden, wenn man heutige Texte formulieren will.
Zu beachten ist aber auch noch die Tatsache, dass wir heute einen noch nie dagewesenen Bruch erleben zwischen der Tradition, die in der Liturgie zum Ausdruck kommt, und der Erfahrung beziehungsweise dem Wissen der modernen Menschen. Heute darf man sozusagen von keinem Vorwissen mehr ausgehen. Die Menschen sind heute zum großen Teil nicht mehr kirchlich sozialisiert. Die Katechese kann die Aufgabe, die die Liturgiker von ihr erwarten, kaum mehr erfüllen. Sie ist nicht mehr imstande, die überkommene Sprache und den dahinter liegenden mystischen Kern zu vermitteln. Man hat den Eindruck, als müsste man bei der Glaubensvermittlung beim Punkt Null anfangen.
In dieser Situation wächst natürlich das Verlangen und die Notwendigkeit, an einem konkreten Ort den Glauben zu ertasten und zu stammeln. Seit einigen Jahren gibt es die »Thomas-Messen-Bewegung«, die die Erfahrungen heutiger Menschen einbeziehen will: die leisen Rührungen des Glaubens, die Zweifel, die Fragen nach dem Sinn, die Bedeutung, die Jesus für sie haben könnte ... Kurz: Der Monolog oder das Erklärungsmonopol des Priesters wird durch das Gespräch aller mit allen abgelöst. Und entsprechend tastet sich auch die Gebetssprache an den mystischen Kern heran. Es gibt wohl keinen anderen Weg für die Kirche, sich auf die neue Situation einzulassen. Um so weniger zu sagen haben Texte, die »überzeitlich« sein wollen, in Tat und Wahrheit aber nichts mehr sagen können. Auf jeden Fall gilt, dass Wörter oder Bilder, die für den religiös Sozialisierten oder gar theologisch Geschulten noch klar und verständlich sind, durch zugängliche Begriffe ersetzt werden müssen.

Der Atem der Hoffnung

Auf jeden Fall müssen die Gottesdienste, auch die Gebetstexte, den Charakter des Poetischen unserer Zeit haben. Das trifft vielleicht nicht auf jeden Text im gleichen Maße zu, aber das Ganze sollte eine ästhetische Gestalt haben, die bewegt und in die Zu-

kunft weist. Der Gottesdienst kann nur dann ein Ausdruck einer alternativen Humanität sein, wenn er die Eigenschaften hat, die H. Domin als Wesensmerkmale des dichtenden Menschen herausstellt:
»Wenn man im Hörsaal sitzt, sieht man Sie und alles, was auf Ihrem Gesicht an erprobter Zuversicht ablesbar ist; sieht man nachts im Fernsehen die Gesichter der Zuhörer, so muss einen das Maß an Hingegebenheit und Hoffnung auf Hoffnung bewegen... das zur Zeit für die Studenten Wichtigste: das Vertrauen zu sich, das Berühren des Grundwassers«, schrieb Professor H. Viebrock an die Dichterin. Und sie antwortete: »Gerade das hatte ich mir vorgenommen, den Mut zum Leben zu stärken: ein Dennoch gegen die fatale No-future-Panik« (Werbezettel, S. 2).
Unter dem Titel »Stoppen von Zeit und Zweck« schreibt sie: »Es geht mir ja um das Erreichen dieses Zustandes, und wenn er da ist, dann hört alles andere auf. Vor allem die Zeit. Aber auch das Rollenmenschendasein... Atemraum für Freiheit... Diese ganze Vorlesungsreihe geht ja, schon dem Titel nach, darum, uns gegen die Programmierbarkeit zu stärken und die Augenblicke der Unabhängigkeit aufzurichten, diese Augenblicke der ›aktiven Pause‹, in der wir Subjekt und nicht Objekt sind« (10).
Ich wiederhole, was Hilde Domin sagt, indem ich Lyrik durch Liturgie ersetze: Liturgie soll

- die erprobte Zuversicht ablesbar machen auf den Gesichtern derer, die sie gestalten
- die Hoffnung auf Hoffnung bei denen bewegen, die am Gottesdienst teilnehmen
- das Vertrauen stärken
- mit dem Grundwasser in Berührung bringen
- den Mut zum Leben stärken
- gegen die fatale »No-future-Panik« ein Dennochgefühl errichten
- die Zeit und den Zweck stoppen
- einen Zustand erreichen, wo die sonst üblichen Gesetze der Zeit und des Funktionierenmüssens aufhören
- ein Atemraum für die Freiheit sein
- Augenblicke der Unabhängigkeit, der aktiven Pause errichten, in der die Teilnehmer und Teilnehmerinnen nicht

Adressaten, sondern Handelnde, nicht Objekte, sondern Subjekte sind.

Der französische Philosoph Paul Ricoeur bezeugt mit Blick auf die Liturgie von Taizé, was christliche Liturgie sein kann:

»Was ich in Taizé suche? Eine Erprobung dessen, was ich zutiefst glaube: dass die Religion etwas mit Güte zu tun hat. Die Traditionen des Christentums haben dies ein wenig vergessen. Es gibt eine Art der Einkerkerung, des Wegschließens der Schuld und des Bösen. Nicht, dass ich dieses Problem unterschätze. Es hat mich oft und über viele Jahrzehnte hinweg beschäftigt. Doch muss ich es deutlich sagen: So radikal das Böse ist – es ist nicht so tiefgründig wie die Güte. Und wenn die Religion, die Religionen einen Sinn haben, dann ist es dieser: die Güte der Menschen von Grund auf herauszustellen, ihr Raum zu geben, sie dort zu suchen, wo sie vollständig vergraben ist.

Hier in Taizé gibt es so etwas: die Güte ist spürbar in der Bruderschaft, zwischen ihren Mitgliedern, in der stillen, diskreten Gastfreundschaft und im Gebet. Ich sehe Tausende von Jugendlichen. Sie machen sich vom Guten und Bösen keinen geistig klar gesicherten Begriff, auch nicht von Gott, von der Gnade, von Jesus Christus. Aber sie leben in einer tiefen Hinwendung zur Güte.

Wir sind übermannt von Diskussionen, Polemiken, virtuellen Stürmen, die heute wirken wie lichtundurchlässige Zonen. Die Güte ist grundlegender als das tiefgreifendste Böse. Diese Gewissheit müssen wir freigeben, ihr eine Sprache geben. Und die Ausdrucksweise, die ihr in Taizé verliehen wird, ist nicht die der Philosophie, auch nicht die der Theologie, sondern die der Liturgie. Für mich ist die Liturgie nicht einfach eine Tat, sondern ein Gedanke. Mitten in der Liturgie besteht eine versteckte, verborgene Rede Gottes, die sich in der kurzen Vorstellung fassen lässt, dass ›das Gesetz des Betens das Gesetz des Glaubens‹ ist.

Ich sagte, dass die Frage nach der Sünde wie deplaziert erscheint inmitten einer schwerwiegenden Fragestellung nach Sinn oder Nicht-Sinn, nach Absurdität... Wir sind aus einer Zivilisation hervorgegangen, die Gott tatsächlich getötet hat. Das heißt, wir haben das Absurde und den Nicht-Sinn dem Sinn vorgezogen. Dies provoziert einen Einspruch grundlegender Art. Ich verwende dieses Wort, das sich inhaltlich sehr in der Nähe des Wortes ›Zeugnis‹

befindet... Man macht einen ›Einspruch‹ (protestation), bevor man etwas ›bezeugen‹ kann (attestation).
In Taizé verfolgt man den Weg vom Einspruch zum Zeugnis; und das geschieht nach dem Gesetz des Betens, dem Gesetz des Glaubens. Der Einspruch hat einen negativen Charakter: Nein heißt Nein. Man muss jedoch vielmehr ein Ja sagen. Es gibt also einen waghalsigen Weg vom Einspruch zum Zeugnis. Und ich glaube, dass dies geschieht durch das Beten.
An diesem Morgen war ich sehr angerührt durch die Gesänge. Es waren Gebets-Anrufungen in der Form: ›O Christus!‹ Das bedeutet: Wir sind weder Beschreibende noch Vorschreibende. Sondern wir sind Zusprechende und Aussprechende! Und ich denke, wenn man Güte ›ausspricht‹, ist das wie ein Lobgesang aus der Tiefe der Seele« (CiG 7/01, 55).

Liturgische Gebetssprache

Für die gemeinschaftliche Gebetssprache der Christen gelten über die bisher genannten Kriterien noch solche, die sich aus dem Gemeinschaftscharakter ergeben:

- Die poetische Sprache muss von der Glaubensgemeinschaft nachvollzogen werden können. Das heißt: es dürfen keine elitären beziehungsweise hermetisch verschlossenen Ausdrücke gebraucht werden. Das trifft ebenso für überkommene Texte zu, die für viele tatsächlich diesen Charakter haben, wie für neu entstehende Texte. Die verwendeten Bilder und Worte müssen allgemein nachvollzogen werden können. Dabei gehört es gerade zur poetischen Sprache, dass sie ins Unsagbare verweist und nicht in allem rational auflösbar ist. Gebetssprache ist An-Sage, nicht Aus-Sage.
- Gebetssprache ist keine Nachrichtensprache. Sie enthält keine Informationen. Weder die Gemeinde noch Gott sollen durch Akte des Gebetes informiert werden. Gebetssprache soll verändern, in Bewegung setzen, Empfindungen benennen...
- Da es sich um Hörtexte handelt, die man nicht mehr nachlesen kann, müssen die Sätze kurz sein: möglichst nur Hauptsätze, die nicht mehr als 14 Wörter enthalten, keine Fremdwörter, keine theologische Fachsprache ...

Ich werde mich nun ausdrücklich nur auf die Gebetssprache beziehen, zuerst auf jene der Eucharistiefeier und nachher auch auf das Gebet in anderen Gottesdienstformen.

Die Gebetssprache in der Eucharistiefeier

Wenn man das Gebet so definiert, wie ich es getan habe, nämlich als Texte, die sich ausdrücklich auf ein göttliches Du beziehen, dann ergeben sich folgende Gebete innerhalb der Eucharistiefeier: das Kyrie, das Gloria, das Tagesgebet (beziehungsweise das Gaben- und das Schlussgebet), die Fürbitten, Gebete bei der Gabenbereitung, das Hochgebet, das Vaterunser, die Vaterunsererweiterung (= der Embolismus), das Friedensgebet, das Agnus Dei und das Gebet vor der Kommunion. Außerhalb des vom Ritus Vorgesehenen hat sich da und dort noch ein Kommuniontext eingebürgert, der sehr oft auch ein Gebet ist. Ich möchte nun zu diesen Gebeten der Reihe nach einige grundsätzliche Bemerkungen machen, die ich dann bei meinen Formulierungsversuchen und Vorschlägen (siehe S. 168ff) beachten werde.
Ganz allgemein möchte ich drei Dinge vorweg herausstellen:

- Die Gebete der Eucharistiefeier setzen immer das Geheimnis der Auferstehung voraus. Dieser Jesus ist nicht nur in das Geheimnis Gottes eingegangen, sondern mit Gott einsgeworden. Die Christologie gehört zum verbindlichen Schatz der Liturgie.
- Sehr oft kann die ursprüngliche Intention eines Gebetes innerhalb des Rituals zu kreativen und phantasiereichen neuen Möglichkeiten führen.
- In meiner vierzigjährigen priesterlichen Tätigkeit habe ich je länger je mehr die Erfahrung gemacht, dass für Gruppenmessen und Gemeindefeiern die gleichen Sprachgesetze gelten.

Das Kyrie

Das Kyrie wird in der konkreten Liturgie oft zu einem Bußakt reduziert. Dies aber stellt den Gottesdienst von allem Anfang an unter den »Geist der Schwere« (F. Nietzsche; E. Biser, Glaubensbekenntnis, 16) und unter die Voraussetzung der Moral statt der frohmachenden Gotteserfahrung. Es wäre für den Gottesdienst insgesamt von zentraler Bedeutung, froher zu beginnen und die Begegnung mit der Quelle des Lebens zu feiern. Selbstverständlich möchte ich den Bußakt selbst nicht einfach abschaffen: Hie und da ist die Bitte um Vergebung am Beginn der Eucharistie notwendig, hie und da gut, aber sicher nicht jedes Mal angebracht.

Dies ist umso mehr zu bedenken, als heute das Bewusstsein kaum mehr vorhanden ist, vor Gott grundsätzlich Sünder/Sünderin und darum auf jeden Fall auf Gnade und Erbarmen angewiesen zu sein. Darum wäre dem Anliegen besser gedient, wenn an Stelle des Bußaktes eine Meditation stünde, welche die Befindlichkeit des Menschen vor Gott thematisierte. Ein gutes Beispiel ist ein Text aus der jüdischen Überlieferung (H. Schlegel, 57):

> Vor dem Betreten des Allerheiligsten
> musst du die Schuhe ausziehen,
> aber nicht nur die Schuhe,
> sondern alles,
> Reisekleid und Gepäck.
> Und darunter die Nacktheit
> und alles, was sich unter der Nacktheit verbirgt
> und dann den Kern
> und den Kern des Kernes.
> Dann das übrige
> und dann den Rest
> und dann noch den Schein
> des unvergänglichen Feuers.
> Erst das Feuer selbst
> wird vom Allerheiligsten aufgesogen
> und lässt sich von ihm aufsaugen,
> keines von beiden kann dem widerstehen.

Nun ist aber das Kyrie ursprünglich kein Bußakt, sondern die litaneiartige Begrüßung des auferstandenen Christus, ein Huldigungsruf. Diese Intention ist wieder zurückzugewinnen. Nichts steht im Wege, die Kyrierufe oder ähnliche Anrufungen zu vermehren und feierlich auszugestalten. Bereits am Anfang des Got-

tesdienstes wird sich die oben genannte Fähigkeit erweisen müssen, sich auf den Auferstandenen zu beziehen und sich österlich aufrichten zu lassen.
Die Christusanrede »Herr« ist heute, wie wir gesehen haben, problematisch. Doch darf die Maßstäblichkeit nicht verloren gehen, die Jesus als Auferstandener für uns hat. Natürlich ist er auch Bruder und Freund und es ist gut, ihn immer wieder auch so anzureden. Aber es muss auch zum Ausdruck kommen, dass er der Erste ist, der Gottgesandte, der Sohn Gottes, an dem wir Maß nehmen müssen. Ihm ist ja, wie der Philipperbrief sagt, »ein Name gegeben, der über allen Namen ist« (Phil 2,9). Er ist auch derjenige, der uns von allen Herren befreit. Diesen emanzipatorischen Charakter muss die Kirche wieder gewinnen, um eine andere Welt heraufführen zu können, in der die Macht der Mächtigen gebrochen und die Freiheit der Menschen aufgerichtet wird. Wie aber kann diese emanzipatorische Anrede zurückgewonnen werden? Vielleicht kann man verbale Formen finden, welche diese emanzipatorische Maßgeblichkeit Christi herausstellen.
Ein zweites Problem des Kyrie ist das »Erbarme dich«. Nochmals ist zu betonen: Entgegen dem Anschein ist dies nicht eine Bitte, sondern eine Huldigung. Freilich ist diese aus der Distanz erwachsen, die zwischen den Rufenden und dem Angerufenen besteht. An dieser Stelle kann also dieses »Erbarme dich« durch einen Ruf ersetzt werden, der für unser Empfinden mehr Begrüßung und Huldigung ist.

Das Gloria

Das Gloria ist ein frühchristlicher Christus-Hymnus. Ursprünglich wurde der Hymnus als kirchliches Morgengebet gesungen, dann aber zur Erhöhung der Festlichkeit in die Messe übernommen. Auch dieser Lobgesang ist eine Huldigung des Auferstandenen, eine Aneinanderreihung von Akklamationen. Dieses Lobgebet sollte an den Tagen, die durch eine größere Feierlichkeit ausgezeichnet sind, das Kyrie intensivieren.
Bevor der Text unter sprachlichem Gesichtspunkt angeschaut werden kann, stellt sich die Frage, ob wir noch zur ekstatischen Preisung Gottes beziehungsweise seines auferweckten Sohnes fähig sind. Ich erinnere diesbezüglich an das oben zitierte Zeugnis

des Philosophen P. Ricoeur. Was der Mensch zu seinem Menschsein braucht, das ist gerade dieses Aus- und Zurufende, dieser »Lobgesang aus der Tiefe«, der prophetische Einspruch gegen den Tod, der zum ekstatischen Zuspruch wird. Zu bedenken ist auch, was J. M. Hull, der mit 48 Jahren vollständig blind geworden ist, in seiner Autobiographie schreibt:

»Der verwandelnden Kraft wird man nicht durch Akzeptieren, sondern durch das Lob Gottes teilhaftig ... Es kommt nicht darauf an, dass ich blind bin, sondern dass ich gekannt und bei der Hand geführt werde und dass mein Leben, ob als Sehender oder als Blinder, voller Lob ist.«

Im ekstatischen Lobgesang liegen demnach Kräfte, die wir nicht nur für eine mystisch tiefe Liturgie nötig haben, sondern auch für das Engagement in der Gesellschaft. Damit möchte ich nichts gesagt haben gegen das Postulat einer »Krisensprache«, auf die ich dann noch zurückkommen werde. Für jetzt aber möchte ich die bleibende Bedeutung des Lobgesangs und die psychologischen Wirkungen, die davon ausgehen können, herausheben.

In der gottesdienstlichen Praxis wird das Gloria meist durch Lieder ersetzt. Dagegen ist nichts einzuwenden. Dennoch wäre es schade, wenn dieser ursprüngliche Text, der dem Auferstandenen sein göttliches Gewicht und seinen göttlichen Glanz (= hebr. Kabod) gibt, verloren ginge.

Es gibt in diesem alten Text in sprachlicher Hinsicht keine großen Probleme, sofern man am mystischen Kern teilhat, der darin zum Ausdruck kommt, und sofern man um den poetischen Charakter des Hymnus weiß. Das gilt besonders für die Ausdrücke, die etwas ungenau klingen und gerade deshalb einen Deutungsraum eröffnen: »der eingeborene Sohn« – »Lamm Gottes« (vgl. oben!). Hier sollen bewusst Assoziationen an biblische Texte hervorgerufen werden. Das tut auch der erste Satz, der aus dem Lukasevangelium genommen ist und das Geheimnis der Menschwerdung Gottes in Jesus ansagt (Lk 2,14ff). Problem dürfte auch nicht das Wort »Herrlichkeit« sein, wenn man einmal weiß, dass damit ein strahlendes Lichtereignis gemeint ist, das nichts mit den Erfahrungen zu tun hat, die hinter den Worten »Herr« und »Herrschaft« stehen. »König« und »Herrscher« sind zwar Worte, die aus einem nichtdemo-

kratischen politischen System stammen und heute negativ belegt sind (vgl. oben). Aber jeder weiß, was damit gemeint ist. Der Text kann also auch heute noch nachvollzogen werden.
Trotzdem muss der Text auch eine neue sprachliche Gestalt bekommen, die unserem heutigen Empfinden näher steht. Denn wir können die Tatsache nicht einfach wegschieben, wonach unsere Zeit ganz offensichtlich abgeschnitten ist von den traditionellen Begriffen und Bildern und oft Assoziationen folgen, die objektiv falsch, aber eben dennoch vorhanden sind. Ich verwende bei meiner Neufassung (S. 174) das oben genannte Verfahren, die kreative Reproduktion.

Das Tagesgebet

Das Tagesgebet (= Oration) gilt allgemein als Abschluss des Eröffnungsrituals und als Beginn des Wortgottesdienstes. Mit ihm kommt der erste Spannungsbogen der Eucharistie zur Ruhe. Diese Spannungsbögen innerhalb des Gottesdienstes sind bei der Gestaltung zu beachten.
Das Tagesgebet gehört zu den so genannten »Präsidialgebeten« und ist deswegen dem Priester vorbehalten. Begründet wird dieses »Gebetsmonopol« mit der Auffassung, dass der Priester als Vorsteher des Gottesdienstes Christus repräsentiert, der das bleibende Gegenüber der Kirche sei. Selbstverständlich bin auch ich der Auffassung, dass der Auferstandene unser bleibendes Gegenüber ist, das aufgedeckte Antlitz Gottes, das wir im Gottesdienst fasziniert schauen und feiern. Dass sich aber dieses Gegenüber im Priester sozusagen verkörpert, halte ich für eine überholte Ideologie, die für die Liturgie eher hinderlich als förderlich ist (vgl. Rotzetter, Gedenke, 111ff). Im übrigen führen die Präsidialgebete diese Argumentation ad absurdum. Wie kann sich Christus, der im Priester das Tagesgebet spricht, am Ende das Gebet »durch Christus« an Gott wenden?
Das Tagesgebet selbst hat seit der frühesten Zeit eine vorgegebene Struktur, die ich sowohl für die Schaffung von neuen Gebetstexten als auch für den spontanen Vollzug des Gebetes für wichtig halte. Diese Struktur bewahrt vor der Geschwätzigkeit. Ich verwende sie darum grundsätzlich immer, wenn ich ein Gebet zu sprechen habe. Sie stellt ein Muster zur Verfügung, in das hinein

die Worte geflochten werden können, einen Stramin, der dem Textgewebe einen inneren Zusammenhang gibt.
Dieser Stramin besteht aus folgenden Elementen: Gebetsaufforderung – Gottesanrede – Prädikat – Gebetsakt – medialer Schluss, wobei ich nochmals auf das Schweigen aufmerksam machen möchte, in das hinein die Worte gesetzt werden beziehungsweise aus dem heraus sie entstehen.
Der Reihe nach ist folgendes zu beachten:

- Die **Gebetsaufforderung** ist wichtig, um sich selbst und die Gemeinde, die das Gebet nachvollziehen soll, auf die ganz andere Art des Sprechens aufmerksam zu machen. Beim Gebet ist ja der Adressat nicht mehr die Gemeinde, sondern das Geheimnis, das alle Wirklichkeit und alle Vorstellung übersteigt und das gleichzeitig das Innerste des Inneren der betenden Gemeinschaft ist. Um diese Umstellung auf einen ganz anderen Adressaten vollziehen zu können ist eine lange Stille notwendig.
- Die **Gottesanrede** muss so sein, dass die Ungeheuerlichkeit zum Ausdruck gebracht ist, Gott überhaupt anzureden. Beim Tagesgebet ist das immer Gott Vater beziehungsweise die erste Person in Gott. Im Deutschen eignet sich der kurze prägnante Einsilber (»Gott«) sehr gut, um ihn in die Stille hinein zu sprechen.

In diesem Zusammenhang möchte ich an das Symbol  erinnern, das ich an Stelle dieser Gottesanrede setzen möchte, um gleichzeitig die Heiligkeit des Namens und eine Variabilität der Anrede zu gewährleisten. Ich bin der Auffassung, dass diese Gottesanrede ganz an den Anfang gestellt werden muss, um ein rasches Nennen oder gar Darüberhinweggehen zu vermeiden. Gott ist nicht so selbstverständlich ein Bestandteil unserer Sprache!

- Das **Prädikat** benennt eine Eigenschaft oder eine Verhaltensweise Gottes, beziehungsweise den Grund, warum gerade dies oder jenes zum Gegenstand des Gebetes erhoben wird. Das Prädikat könnte sich auch auf die Situation des Menschen beziehungsweise der Gebetsgemeinschaft beziehen.
- Der **Gebetsakt** enthält die Bitte oder den Dank, das Gebet, das die Gebetsgemeinschaft an Gott richtet.

- Der **mediale Schluss** gibt der Gebetsgemeinschaft durch seine ritualisierte Form die Möglichkeit, ihr Amen zu sagen. Die Kirche lässt jedes Gebet durch Jesus in Gott hineintragen. Die Formel sollte in der Regel auch das Geheimnis der Dreifaltigkeit ansprechen. Sie muss ihre moderne Gestalt wohl erst noch finden. Ich schlage weiter unten S. 99 eine Formulierung vor.

Gewöhnlich haben die Tagesgebete eine jahrhundertealte Geschichte und daher eine ursprünglich lateinische Sprachgestalt. Von daher ist ihre Sprache äußerst komplex. Sie enthält eine ganze Reihe ineinander verschlungener Nebensätze, die im Deutschen fast nicht aufzulösen sind. Die deutsche Sprache ist parataktisch, nicht hypotaktisch wie die lateinische angelegt. Viele Bedeutungen des lateinischen Originals müssen wegen ihrer Überfülle fallen gelassen werden, wenn ein wirklich deutscher Text entstehen soll. Die neueste Instruktion zur Übersetzung fordert dagegen alle Bedeutungen – und liefert damit den Beweis, nichts von der Kunst des Übersetzens und schon gar nichts von Linguistik zu verstehen. Von der Rezeptionspsychologie her sollten es ohnehin nur Hauptsätze sein, welche nicht mehr als vierzehn Wörter enthalten. Es ist erstaunlich, wie die Gebetstexte immer wieder an dieser an sich simplen Forderung scheitern, obwohl uns Jesus mit seinem Vaterunser doch ein Beispiel an Kürze gegeben hat.

Nachstehend vergleiche ich ein adventliches Tagesgebet aus dem offiziellen Messbuch mit einer Fassung aus der Feder N. Lohfinks. K. Richter gibt ihm (vgl. Gottesgeheimnis) sehr gute Noten. Dazu einige Bemerkungen aus meiner Sicht:

- Beide Texte enthalten die Gottesanrede innerhalb des Textes. Im Interesse des angemessenen Vollzuges sollte sie jedoch das Gebet eröffnen.
- Das Gebet enthält kein Prädikat.
- N. Lohfinks Text zitiert offensichtlich ein Gedicht oder Lied, das ich momentan nicht orten kann – ein Verfahren, das beweist, wie wohltuend der Beitrag der Dichter sein kann.
- Die Sätze sind in beiden Fällen zu lang, Lohfinks Satz ist zu kompliziert für einen Hörtext.
- Zudem wird zu substantivisch formuliert.

Aufgrund dieser Bemerkungen formuliere ich meine Version so: Das Gottessymbol vorneweg – das Zitat als Prädikat – Gebetsakt – der Versuch, den medialen Schluss neu zu formulieren.

Meine Version	Messbuch	Norbert Lohfink
 Dein Sohn kommt in dunkler Nacht – Kommt er auch lange nach Mitternacht – Und klopft an – Lass uns dann wach sein und froh. Jetzt aber gib uns das Lied der Hoffnung, die Sehnsucht der Liebenden, die Kraft des Glaubens. Darum bitten wir durch Jesus Christus Deinen Sohn, den Du mit Deiner göttlichen Kraft erfüllst für Zeit und Ewigkeit	Hilf uns, Gott, dass wir voll Freude in diesen Tagen die Ankunft deines Sohnes erwarten. Nimm alle Trägheit von uns und mache uns bereit zu wachen und zu beten, damit uns Christus nicht schlafend findet, wenn er kommt und anklopft.	Gib uns die Unruhe Herr, unser Gott! Voll Unruhe lass uns die Ankunft Christi, deines Sohnes, erwarten, wachend und betend in dunkler Nacht. Kommt er auch lange nach Mitternacht erst und klopft an – er finde Menschen, die ihn jubelnd und jauchzend begrüßen.

Ein zweites Beispiel sei hier kritisch beleuchtet: das Gebet zur Laudes aus dem Stundenbuch (Dienstag der 1. Woche). Dabei mache ich aufmerksam auf die grammatikalische Struktur. Ich setze meine kritische Bemerkungen daneben (grau unterlegt) und an den Schluss.

Herr,
neige dein Ohr
und vernimm
das Morgengebet deiner Gläubigen

Zwei Hauptsätze mit »und« verbunden: gut! Besser: mit Pause nachgesetzt

Erhelle
und heile,
was in der Tiefe unseres Herzens
krank ist,

Guter Hauptsatz mit relativem Nebensatz. Nicht ganz stimmig: müsste heißen: was in der Tiefe unseres Herzens **dunkel und krank ist.**

damit kein Begehren
uns in seinem Bann gefangen hält,
die wir erleuchtet wurden
durch das Licht der himmlischen Gnade.
Darum bitten wir durch Jesus Christus.

Dem vorausgehenden Relativsatz wird ein Finalsatz angehängt und daran nochmals ein Relativsatz. Unmöglich für einen Hörtext! »Bann« = veraltet

Grundsätzlich ist festzuhalten:

- Mit 29 Worten ist der Satz entschieden zu lang!
- Zudem ist er mit drei Nebensätzen und durch das Anhängsel »durch das Licht...« zu kompliziert, als dass der Hörer das Gebet nachvollziehen könnte.
- In der graphischen Struktur stellt sich das so dar:

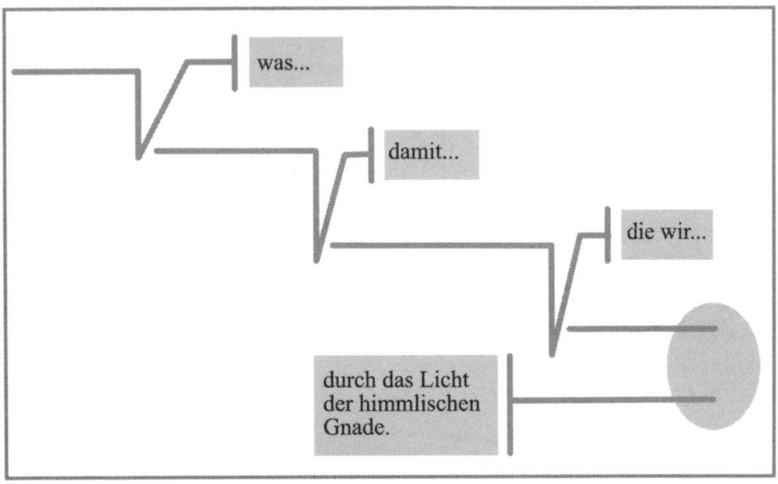

Ich möchte diesem Text folgende Gestalt geben:

	Statt Herr lange Pause
Neige Dein Ohr	Zwei Sätze mit Pause dazwischen
Vernimm unser Morgengebet	unser statt deiner Gläubigen
Erhelle und heile, was dunkel und krank ist in der Tiefe unseres Herzens	Den Satz stimmig gemacht: Entsprechung der Bilder
Ja, befreie uns von allem, was uns gefangen hält	Der Finalsatz als Verstärkung der vorausgehenden Bitte wird Hauptsatz.
Erleuchte uns jetzt, wo Du da bist, in Deiner bedingungslosen Liebe	Nochmals: neuer Hauptsatz, dazu: das nichtssagende »himmlische Gnade« ersetzen.
Darum bitten wir durch Jesus Christus, Deinen Sohn, den Du mit Deiner göttlichen Kraft erfüllst für Zeit und Ewigkeit.	Neu gefasster Schluss

Die Fürbitten

Die Fürbitten beenden den Wortgottesdienst. Sie weiten die erlebte neue Kommunikation im Wort Gottes in eine grundsätzliche Solidarität mit der ganzen Kirche und der ganzen Schöpfung. Die Glaubensgemeinschaft betet für andere, für ihre Nöte und ihre Sorgen. Sie weiß sich solidarisch und macht sich das Leiden und die Anliegen der anderen zu Eigen.

Hier ist vor allem ein Ort, an dem die Aktualität ein besonderes Gewicht hat. Es ist darum unsinnig, dafür wiederum Bücher zu veröffentlichen, die notwendigerweise nicht aktuell und konkret genug sein können. Die Fürbitten sollten also jedes Mal neu verfasst oder aus dem Moment heraus spontan formuliert werden.

Freilich zeigt die Erfahrung, dass hier viele Gefahren lauern:

- Der Gebetscharakter der Texte wird aufgegeben. Statt eines Gebets formuliert man Wünsche, ohne sich auf Gott zu beziehen.
- Das Gebet wird verkannt, indem man es mit Informationen oder moralischer Belehrung mischt.
- Man wird ein Opfer der Formlosigkeit und in der Folge geschwätzig. Die Sätze werden kompliziert und unverständlich, dass die Gebetsgemeinschaft am Ende gar nicht mehr weiß, worum es eigentlich geht.
- Im Falle der freien Formulierung vergisst man, dass das Gebet von allen mitgetragen werden soll.

Aus all diesen Gründen ist es notwendig, sich auch hier an eine Form zu binden, in der die allgemeinen Gesetze der Gebetssprache beachtet sind. Gegeben sind Einleitung (Gebetsaufforderung und Gottesanrede) und Schluss (medial oder anders), wofür auf das beim Tagesgebet Gesagte zurückzugreifen ist. Es gibt auch Vorstellungen, dass die Fürbitten selbst einer gewissen hierarchischen Ordnung folgen sollten. Meines Erachtens jedoch sollten wir hier nicht allzu viele Vorgaben inhaltlicher Art machen.

(Vorschläge siehe S. 170)

Gebete zur Gabenbereitung

Es ist anzuraten, diesen Teil in völliger Stille zu verbringen. Einzig die Zeichensprache gilt: das erhobene Brot, der erhobene Kelch, der gebeugte Leib, die betende Haltung des Priesters. Oder man

begleitet die Gestik der Gabenbereitung mit einem entsprechenden Lied.
Hie und da können auch Gebete gesprochen werden, die dazu passen. (Vgl. S. 181f)

Das Hochgebet

Vor über zwanzig Jahren habe ich nicht nur das Verfahren der »kreativen Reproduktion« vorgeschlagen, das ich bisher an vielen Texten ausprobiert habe. Ich habe dieses Verfahren auch auf den Kanon angewandt, indem ich vom »Kanon der objektiven Vorgegebenheiten« sprach, die sich in einer bestimmten Struktur des eucharistischen Kanons niedergeschlagen haben (Liturgische Spiritualität, 102). Mir ging es bei diesem Vorschlag um zwei Dinge:

- Die freie Formulierung auch des Hochgebetes aus dem mystischen Kern heraus und im Blick auf die Konkretheiten einer Gemeinde sollte ermöglicht werden.
- Der genannte mystische Kern sollte gesichert werden durch die verbindliche Beachtung der inneren Struktur dieses Hochgebetes.

Das Hochgebet ist ein großes Preisgebet (Berakah), in dem im Falle der Eucharistie Brot und Wein in einen neuen Deutungshorizont gestellt werden. Sie werden von daher zum Sakrament, zu Medien, in denen Gott die Ganzhingabe Jesu im Hier und Jetzt aktualisiert. Im geteilten Brot und im gemeinsam getrunkenen Wein wird die Liebe Gottes ganz und gar gegenwärtig, lebendige Wirklichkeit im Leben konkreter Menschen und einer ganzen Gemeinschaft.
Das Hochgebet hat folgende Struktur:

- **Der einleitende Dialog des Priesters mit der Gemeinde**, den zu bedenken hier nicht der Ort ist. Er ist ja kein Gebetstext.
- Das Vorwort (= die **Präfation**), der große Dank, in dem Gott immer und überall gedankt wird für seine liebende Zuwendung. Dafür gibt es unendliche Aussagen und Sätze, Konkretionen der erfahrenen Gnade, wobei im Mittelpunkt immer das Christusereignis steht.
- Das **Sanktus**, in dem das Volk die dreifache Heiligkeit Gottes preist und besingt. Über den gleichbleibenden Text hinaus gibt es viele Liedtexte, die diesem alten Text mehr oder we-

niger treu bleiben. Bisher habe ich ihn unangetastet gelassen, weil er zur Antwort des Volkes gehört, das auf geformte Texte und Lieder angewiesen ist. Zudem ist er weitgehend ein biblisches Zitat (Mt 21,9) und gibt den Huldigungsruf wieder, den die Jerusalemer Bevölkerung Jesus entgegenbrachte, als er in ihre Stadt einzog. Aber selbstverständlich muss man auch darüber einmal reden. Problematisch ist vor allem das »Hosanna in der Höhe«, das unverständlich bleibt. Der hebräische Ausdruck bedeutet an sich »Rette doch!«, ist aber ähnlich wie das »Herr, erbarme dich« zu einer Begrüßungsakklamation geworden. Das »Mächte und Gewalten« ist gerade in seiner Unbestimmtheit zu rechtfertigen. Gott steht wirklich über allem, was Macht und Gewalt hat. »Herr« als konstante Anrede Gottes ist anstößig und müsste von Zeit zu Zeit anderen Gottesanreden Platz machen. Auf der Grundlage dieser Erklärungen wage ich einen neuen Textvorschlag (vgl. S. 182).

- Die große **Gottesanrede**, mit der sich die Gemeinde dem heiligen Gott öffnet.
- Die **Epiklese**, in der der Heilige Geist als die große wandelnde Kraft angesprochen und erbeten wird.
- Die **Memoria und die Anamnese**: Darin erinnert sich die Gemeinschaft an Jesus, der »am Abend vor seinem Leiden« Mahl mit seinen Jüngern hielt und Brot und Wein zum Zeichen seiner Hingabe machte. Der Einsetzungsbericht wird vorgetragen und die Erinnerung in das Hier und Jetzt gerufen. Bisher habe ich diesen Kern des Kanons unangetastet gelassen, weil er als das schlechterdings Unantastbare des Unantastbaren gilt, als Kern des Kernes. Um so verwunderter bin ich, zu vernehmen, dass der Vatikan zum ersten Mal ein Hochgebet ohne Einsetzungsbericht approbiert hat (Gerhards, A., in: CiG 48/01, 408). Auch sonst rückt dieser zentrale Text plötzlich in den Mittelpunkt des Gesprächs. So wurde anlässlich des Evangelischen Kirchentages in Frankfurt, zunächst innerprotestantisch und dann auch die Katholiken einbeziehend, heftig über die Möglichkeit diskutiert, statt »Leib« beziehungsweise »Blut« jeweils »ich« zu sagen: »Das bin ich!« Die Diskussion hat aber auch gezeigt, wie sensibel hier Textänderungen sind. Da-

bei wurde die poetische Weise der Ich-Zusage – »Das ist mein Leib«/»Das ist mein Blut« – wieder neu erkannt und unterstrichen. Anders verhält es sich wohl mit dem Wort »Jünger«. Denn dieser Begriff ist erheblich weiter als der Begriff der »Zwölf« oder der »Apostel«. Wenn der Begriff »Jünger« gebraucht wird, dann sind auf jeden Fall immer auch Frauen gemeint. Man darf also mit der Bibel im Rücken ohne weiteres sagen »Jüngerinnen und Jünger« – mag sich eine konservative Gemeinde noch so stören.

- Die **Communio** will die aktualisierte Gegenwart des Auferstandenen auf die ganze Kirche, die ganze Welt, die Lebenden und die Verstorbenen ausweiten. Die hier und jetzt versammelte Gemeinde soll in den Sog und in die Dynamik einer weltumfassenden Katholizität geraten.
- In der **Prolepse** wird die eben erwähnte Universalität der Zukunft, die himmlische Liturgie, die Gemeinschaft der Heiligen, in die Gegenwart hereingeholt und sozusagen vorweggenommen.
- Die **Doxologie** beendet das Hochgebet mit einem ausgedehnten medialen Schluss. Auch diesen Text habe ich bisher nicht angetastet. Mit der dreifachen Beziehung (durch, mit, in) zu Christus wird der mystische Kern benannt. Ich meine, dass daran nichts zu ändern ist. Fragwürdig wird der Text erst im zweiten Teil (vgl. meinen Versuch S. 182).

Wer fähig ist, diese Struktur zu »reproduzieren« und gleichzeitig im Christusgeheimnis wurzelt, kann sich eigentlich gar nicht außerhalb des mystischen Kerns bewegen, den es in der Eucharistiefeier zu feiern gibt. Ich sage hier offen, dass ich seit Jahren die Hochgebete sozusagen immer spontan aus dem Moment heraus spreche. Probleme habe ich diesbezüglich noch nie gehabt, im Gegenteil: Viele bezeugten mir ihre Freude, Anteilnahme und Zuversicht, die sie aus dieser Art des Betens zogen. Einige dieser Hochgebete habe ich nachträglich aufgeschrieben und zum Teil veröffentlicht. Ich benütze die Gelegenheit, jene, die eine schriftliche Gestalt gefunden haben, auf S. 181ff und S. 217ff zu dokumentieren.

Ich möchte an dieser Stelle noch herausstellen, dass ich ein entschiedener Gegner der Konzelebration bin, und zwar aus zwei Gründen:

- Die Konzelebration birgt die Gefahr in sich, dass sich die Priester selber feiern und eine große Distanz schaffen zur übrigen Gottesdienstgemeinschaft.
- Das gemeinsame Rezitieren eines so bedeutsamen Gebetes ist der mystischen Atmosphäre und dem Sprachereignis als solchem abträglich.

Auf der anderen Seite ist auch der monologische Vortrag nicht unproblematisch, eine Aufteilung auf mehrere Beter und Beterinnen ist wohltuend. Dagegen allerdings steht die Ideologie, die hinter allen »Präsidialgebeten« steht.

Das Vaterunser

Das Vaterunser gehört zum Grundbestand christlichen Betens. Es ist zunächst, was Inhalt und Form angeht, das Modellgebet schlechthin. Da es biblischen Ursprungs ist, wird man mit Abänderungen sehr vorsichtig sein müssen, zumal es auch noch um das gemeinsame Beten in der Ökumene geht. Trotzdem haben die heutigen Beter und Beterinnen oft Mühe mit

- der Vateranrede
- der passivischen Formulierung der Bitten in der ersten Hälfte des Gebetes
- der Bitte »Führe uns nicht in Versuchung«.

Darum wird man um eine neue Fassung des Gebetes im Deutschen bemüht sein müssen, ohne dass man die biblische Gestalt verraten dürfte, die das Maß für alles Beten setzt.

Nun hat es in den letzten Jahrzehnten freilich eine weit verbreitete Fassung (N. Douglas-Klotz) gegeben, die von sich behauptet, die aramäische Urfassung wiederzugeben. Da sie selbst von Katecheten und Katechetinnen und in christlichen Bildungshäusern verwendet wird, sei hier klar gestellt:

- Es handelt sich bei der angegebenen Vorlage in keiner Weise um einen Ursprungstext, sondern um eine Rückübersetzung aus dem Griechischen.
- Die damit verbundenen Thesen sind zum Teil in den dreißiger Jahren des letzten Jahrhunderts vorgebracht und von der exe-

getischen Wissenschaft mit guten Argumenten abgewiesen worden.

- Der deutsche Text ist keine Übersetzung, sondern in allen Teilen ein modernes Versatzstück aus heutigen esoterischen Annahmen.
- Die Übersetzungsmethode, die dabei verwendet wurde, entstammt der Kabbala, einer mystischen Strömung ursprünglich jüdischer, dann aber auch christlicher Herkunft (12. Jahrhundert), und über diese hinweg dem »Corpus hermeticum«, einer religiösen Auffassung, die sich in esoterischen Texten der ersten christlichen Jahrhunderte niedergeschlagen hat, aber eindeutig nicht semitischen Ursprungs ist.
- Das fälschlich so genannte »aramäische« Vaterunser ist also eine Alternative zum biblischen Vaterunser. Dieses ist ein »messianischer Text«, der von der Lebensgeschichte Jesu her zu verstehen ist und in dessen Konsequenz er ermordet wurde. Für diesen »esoterisch-mystischen Text« jedoch wird sich niemand in Gefahr begeben.
- Der Text hat nicht nur an Vertrautheit verloren, sondern auch an Verständlichkeit.
- Dem Text dürfte infolgedessen in einer christlichen Liturgie kein Raum gegeben werden.

Um sich selbst ein Urteil bilden zu können, vergleiche man die beiden Texte:

O Gebärer(in) ! Vater-Mutter des Kosmos,	Vater unser im Himmel
Bündele Dein Licht in uns – mache es nützlich:	Geheiligt werde dein Name
Erschaffe Dein Reich der Einheit jetzt.	Dein Reich komme
Dein eines Verlangen wirkt dann in unserem	Dein Wille geschehe

Wie in allem Licht so in allen Formen.	Wie im Himmel so auf Erden
Gewähre uns täglich, was wir an Brot und Einsicht brauchen.	Gib uns unser tägliches Brot
Löse die Stränge der Fehler, die uns binden,	Vergib uns unsere Schuld
Wie wir loslassen, was uns bindet an die Schuld anderer.	Wie auch wir vergeben unseren Schuldigern
Lass oberflächliche Dinge uns nicht irreführen	Und führe uns nicht in Versuchung
Sondern befreie uns von dem, was uns zurückhält.	Sondern erlöse uns von dem Bösen
Aus Dir kommt der allwirksame Wille, die lebendige Kraft zu handeln, das Lied, das alles verschönert und sich von Zeitalter zu Zeitalter erneuert. Wahrhaftig – Lebenskraft diesen Aussagen! Mögen sie der Boden sein, aus dem alle meine Handlungen erwachsen. Amen.	Denn dein ist das Reich und die Kraft und die Herrlichkeit in Ewigkeit. Amen

Diese Gegenüberstellung zeigt, wie sehr sich der Mensch vom dem Geist Jesu entfernen kann, ohne dass man ihm eine böse Absicht unterstellen könnte.

Eindrücklich ist jedoch der Versuch E. Drewermanns, das Vaterunser in unsere Sprache zu bringen. Er sieht den Text in einer inneren Symmetrie, in der zuerst drei Bitten auf Gott bezogen werden und dann – entsprechend! – drei Bitten auf den Menschen. Schade, dass er den zweiten Teil nicht ebenso eindrücklich formuliert hat. Ich versuche es in seinem Sinne (*kursiv*), wobei ich allerdings zweifle, ob die Intention des Gebetes ganz erfasst ist, wenn man den zweiten Teil so auf sich selbst zentriert.

Drewermann	Übliche Übersetzung
Unser Vater, himmlischer Du,	Vater unser im Himmel
Was du bist, das gelte,	Geheiligt werde dein Name
Was du wirkst, das komme,	Dein Reich komme
Was du willst, geschehe,	Dein Wille geschehe
Wie im Himmel, so auf Erden	Wie im Himmel so auf Erden
Was wir zum Leben brauchen, das gib.	Gib uns unser tägliches Brot
Was wir Falsches tun, vergib	Vergib uns unsere Schuld
Denn auch unser Wirken sei Liebe und Vergebung – sonst nichts	Wie auch wir vergeben unseren Schuldigern
Was wir wollen, entspreche Dir	Und führe uns nicht in Versuchung
Denn kein Widerspruch sei zwischen Dir und uns.	Sondern erlöse uns von dem Bösen
	Denn dein ist das Reich und die Kraft und die Herrlichkeit in Ewigkeit. Amen

In meinem Gebetbuch »Gott, der mich atmen lässt« habe ich schon vor Jahrzehnten ein Vaterunser beziehungsweise mehrere Texte dieses Gebetes angeboten, die dem Konzept der »Kreativen Reproduktion« folgen (vgl. S. 206ff).

Der Embolismus

In den wohl meisten Eucharistiefeiern wird der so genannte Embolismus kaum mehr gebetet. Oder er ist zu einer bloßen Gewohnheit verkommen. Diese Verstärkung der letzten Vaterunserbitte hat durchaus ihren Sinn, wenn er die Ängste und Sorgen der Menschen etwas konkreter aufnähme. An sich ist das Gebet von den Worten her verständlich. Er enthält ein paar »anstößige« Wörter: »allmächtiger Vater«, »Sünde«... »Erlösung«, die man variieren kann. Auch die grammatikalische Struktur des Gebetes ist leider nicht gerade so, dass sie zu einem besinnlichen Beten einlädt. Die Gefahr ist groß, dass der Priester, dem das Gebet vorbehalten ist, es hastig hinter sich bringt. Oft scheint es auch so etwas wie einen unwürdigen Kampf zu geben, zwischen dem Volk, das das Gebet abschließen, und dem Priester, der den Embolismus erzwingen will. Aus all diesen Gründen ist es sinnvoll, über eine neue Gestalt dieses Gebetes nachzudenken (vgl. S. 214).

Das Friedensgebet

Auch dieses Gebet ist so formuliert, dass es geradezu zum geistlosen Rezitieren verführt. Es ist wirklich erschreckend, wie selbst gute Sprecher bei dieser Art von Texten in einen monotonen und gestressten Tonfall fallen. – Dem Gebet geht eine Information voraus, die aus einem Zitat Jesu besteht. Damit trennt der Text auf modellhafte Weise Gebet und Information. Das Gebet selbst richtet sich an Jesus, wobei es unklare Formulieren enthält. Was ist gemeint mit: »nach deinem Willen«? Und was ist mit der Kirche gemeint, deren Glauben Jesus beachten soll? Eine Neufassung drängt sich förmlich auf (vgl. S. 215).

Das Agnus Dei

Das Agnus Dei ist ursprünglich eine Litanei, die während dem langandauernden Brotbrechen gesungen wurde. Da dieses nicht mehr stattfindet, kann sie auf die Kommunion selbst verlegt oder ganz ausgelassen werden. Es gibt dazu im übrigen sehr gute neuere Vertonungen und Texte. Die Bezeichnung »Lamm Gottes« dürfte dem keine Mühe machen, der noch ein bisschen Bibelnähe bewahren will und offen ist für eine poetische Sprache (vgl. oben!).

Die Christus-Symbolik des Lammes wird in verschiedenen Texten von E. Bernet (vgl. A. Rotzetter/E. Bernet) herausgestellt, so auch im folgenden »Gebet des Lammes«.

Lamm Gottes

Mit sanftem Schritt, Gott,
gehe ich ruhig über die Weide,
nah der Mutter,
nah der Mutter Erde.
Dankbar nehme ich, was sie mir schenkt:
Duftende Kräuter, Grashalme zwischen den Steinen.

Wer versteht mich besser als Du, Gott?
Du hast dich der Erde zugewandt,
bist eingegangen in sie,
auf ihr gewandert, wie ich,
bist gewaltlos geblieben bis zuletzt,
bist selbst zur Nahrung geworden –
Lamm Gottes!

Könnte es eine bessere Aufgabe geben als die,
an dich zu erinnern?
Doch eine Bitte gewähre mir:
Bleib nah,
bleib da, wenn sie mich zur Schlachtbank führen.
Höre mein verstummendes »Mäh«,
halte meinen zitternden Leib,
nimm mich ganz an dein Herz – guter Hirte.
Du.

In diesem Sinn möchte ich eine Kommunionbetrachtung vorlegen (vgl. S. 216).

Das Kommuniongebet

Vor der Kommunion wird das biblische Gebet des heidnischen Hauptmanns (Mt 8,8) gebetet: »Herr, ich bin nicht würdig, dass du eingehst unter mein Dach. Aber sprich nur ein Wort, und meine

Seele wird gesund«. Dieses an sich schöne Gebet steht hier für viele Menschen ganz offensichtlich am falschen Platz. Nachdem im Lauf der Eucharistiefeier die Freundlichkeit und Liebe eine immer dichtere Gestalt angenommen hat, darf bereits aus psychologischen Gründen nicht mehr auf Distanz gegangen werden. Hingegen müssten an diese Stelle Gebete der Freude und des Glücks treten (vgl. S. 216).

Die Kommunionbetrachtung

Das Schlussgebet folgt den Prinzipien des Tagesgebetes und kann hier deshalb außer Betracht fallen. Hingegen hat sich aus den Gemeinden heraus eine Art Kommunionmeditation herausgebildet. Dagegen ist grundsätzlich nichts einzuwenden. Hingegen ist zu beklagen, dass sich an dieser intimen Stelle sehr viel Geschwätzigkeit und Banalität etabliert hat. Darum ist gerade hier, wo der einzelne und die ganze Glaubensgemeinschaft die Begegnung mit der Fülle Gottes feiert, auf Verdichtung und Verwesentlichung zu achten.

Für mich ist die Eucharistiefeier die höchste Form des gemeinsamen Existenzvollzuges. Ich kann mich in diesem von der Tradition vorgegebenen Ritual zu Hause fühlen und mich frei bewegen. Ich habe mir schon vor Jahrzehnten die Freiheit genommen, kreativ und spontan damit umzugehen. Und immer wieder habe ich – zusammen mit vielen Beteiligten – Formen entwickelt, die in den letzten Jahren unter dem Stichwort »Thomas-Messe« bekannt geworden sind.

Anmerkungen zu Paul Konrad Kurz' »Messe im Geheimnis der Auferstehung«

In meinen grundsätzlichen Bemerkungen habe ich als Beispiel eines guten liturgischen Textautors P. K. Kurz genannt. Inzwischen hat er einen eindrücklichen Text vorgelegt, der beweist, welche Wege unsere Liturgie gehen könnte, wenn man so sprachkompetente Leute mit der Schaffung neuer liturgischer Texte beauftragen würde. Nicht nur der mystische Kern ist in dieser »Messe im

Geheimnis der Auferstehung« auf faszinierende Weise gewahrt. Der Text folgt auch erkennbar den oben angeführten Postulaten der poetischen Sprache. Es gibt nur wenige Stellen, die von einer Gemeinde nicht nachvollzogen werden können und darum im Gespräch mit dem Autor verändert werden sollten (vgl. meinen grau unterlegten Kommentar).

Missa in resurrectione

Kyrie

Weißt Du, Herr,
wir haben keine Worte.
Keine Worte haben wir zu Dir.
Keine Namen haben wir zu Dir.
Erbarme Dich unseres Schweigens.
Erbarme Dich unserer Rede.
Erbarme Dich, Herr.

Sieh, wir sind gekommen.
Siehe, wir sind versammelt.
Wir stehen vor Dir.
Wir knien vor Dir.
Wir schauen zu Dir auf.
Erbarme Dich, Herr.
Erbarme Dich unser.

Höre uns, Herr.
Unsere Stimme erwacht.
Unser Herz erwacht.
Das Ohr öffnet sich.
Unser Mund singt.
Erbarme Dich, Herr.
Erbarme Dich unser.

Offenbar sieht P. K. Kurz in der Anrede »Herr« kein Problem. Sie leitet sich in diesem Text aber nicht ab von Herrschaftsverhältnissen, sondern aus der grundlegenden Unmöglichkeit, das Geheimnis Jesu beziehungsweise Gottes zu benennen.
Die Bitte um das Erbarmen ist ebenfalls aus diesem Unvermögen und weniger aus dem Sünderbewusstsein zu erklären. Erst allmählich, sozusagen ringend, beginnen die Worte zu fließen.

Gloria

1
Wen preisen wir,
wenn wir nicht bloß zitieren?
Wen rühmen wir,
wenn wir nicht wiederkäuen?
Wen loben wir,
wenn wir unsere Geschichte erinnern?
Welchem Urheber schreiben wir
unser Verstehn auf die Tafel?

Preisen wir die Frau,
die uns gebar?
Preisen wir den Mann,
der uns zeugte?
Preisen wir das Kind,
das wir wurden?
Preisen wir die Seele,
die ER uns einsprach?

Oder die Siege,
die uns gelangen?
Die Schmerzen,
die wir empfangen?
Preisen wir die Nacht,
den Tag, der uns schuf?

Wie weit müssen wir zurück
vor unser Begründen?
Wie hoch fährt
unser Bewusstsein hinauf?
Von woher strömt
die währende Erwartung?
Welchen Himmel wollen wir
pflanzen auf Erden?
Welche Erde
in den Himmel tragen?

Das Gloria teilt sich in drei Teile auf: Der erste Teil besteht aus lauter Fragen. Er weiß um die mangelnde Fähigkeit des modernen Menschen, in ekstatisches Lob auszubrechen. Dabei wird deutlich, dass ein Zusammenhang besteht zwischen der mangelnden Artikulation des Lobes und den fehlenden Visionen für unsere Welt. Die Fragen führen allmählich zur Begründung unserer zeitlichen Existenz in einem Geheimnis, das die Zeiten umgreift.

2
Gloria
Gloria Herr
sei Dir gesungen.
Mit Männern
und Frauen
mit Kinderzungen.

Gloria
unter dem Sternenzelt.
Gloria
über die weite Welt.
Gloria
über erlittene Furcht.
Gloria
über beglückende Frucht.
Gloria
den Menschen, ihrem Geist.
Gloria
dem Gott, den alles preist.

Wir sagen Dir Dank
mit Vätern und Müttern.
Wir sagen Dir Dank
mit Schwestern und Brüdern.
Wir sagen Dir Dank
mit den Heiligen droben.
Wir sagen Dir Dank
mit den Heiligen unten.
Es dankt Dir, dankt,
wes Odem spricht.

Der zweite Teil vollzieht nun das ekstatische Lob – und dies in universaler Weite. Interessanterweise lässt der Autor das lateinische Wort »Gloria« bedenkenlos stehen – wohl in der Annahme, dass es auch im Deutschen als Ausdruck grenzenlosen Lobes noch verständlich bleibt.

3
Die Ängste sollen schwinden.
Die Drohungen sollen schwinden.
Der Friede soll kommen.
Weltüber die Menschen
seien in Dir geeint.
Wie Du aufgetragen.
Wie Dein Sohn verheißen.
Heiliger Herr, in Ewigkeit.

Der dritte wesentlich kürzere Teil spricht in der Kraft des Lobes eine Art Exorzismus über die ganze Welt und eine Beschwörung des Friedens, den Jesus der Welt verheißen hat. An dieser Stelle seien zwei kritische Rückfragen erlaubt:

»Weltüber« ist zwar verständlich und entspricht dem Postulat des überraschenden Wortgebrauchs: nicht nur steht dieses Wort betont am Anfang des Satzes, es ist auch eine Neuschöpfung. Um der Gemeindetauglichkeit willen sollte es aber ersetzt werden. Etwa »weltweit«.

Erst in diesem dritten Teil bezieht sich das Gloria auf das Geheimnis Jesu. Während das ursprüngliche Gloria ein Christushymnus ist, legt P. K. Kurz einen Gotteshymnus vor. Im Rahmen des gesamten Ritus ist die Christologie genügend ausgebildet. Deswegen ist eine solche Entchristologisierung gestattet. Nun ist diese jedoch eine allgemeine Zeiterscheinung. Darum drängt sich mir die Frage auf, ob und wie weit wir innerhalb der liturgischen Sprache gegensteuern sollen.

Credo

1
Ich glaube
an das Wunder des Lebens,
an jede Zelle der Geburt.
Ich glaube an das Werden,
das Gott gegeben.
Ich glaube an den Schöpfer,
der uns schuf.
Ich glaube an unser Hiersein heute.
An morgen glaub ich,
den kommenden Tag.
Ich glaube, daß wir denken müssen,

Was formal schon im Gloria spürbar war, wird in diesem Glaubensbekenntnis zur Gewissheit: Der Dichter arbeitet, wenn auch nicht durchgehend, mit Rhythmus und Reim.

Auch das Credo enthält drei Teile:

Der erste Teil formuliert den Glauben angesichts des

entscheiden, was geschehen
kann und mag.
Ich glaube, daß Gott gegenwärtig ist
über Tränen Gewalt.
Ich suche in der Menschen
Geschichte seine dunkle EL-Gestalt.
Ich glaub ihn im Licht,
aus dem Christus leuchtet.
Ich hör den Sohn,
der zu uns spricht.
Ich glaube dem Geist,
der uns erleuchtet.
Der Geist ist Gottes
Wort und Gericht.
Er ist erschienen.
Er begleitet Christus.
Er spricht als Tröster in unsere Welt.

Wunders, das in unser Leben eingezeichnet ist. Das Dreifaltigkeitsgeheimnis wird nur zaghaft, aber eindeutig und überraschend neu angesprochen. Eine Art »Arkandisziplin« für unsere Tage? Das Dunkle Gottes wird angesprochen: Diese »dunkle El-Gestalt« freilich setzt ein Wissen voraus, das normalerweise der Gottesdienstgemeinschaft nicht verfügbar ist. Deswegen muss der Begriff ersetzt werden. Warum nicht einfach »Gestalt«.

2
Ich glaube weltweit an die Kirche,
die mich beglückt
und die mich schmerzt.
Zu den Heiligen bet ich,
frage ihr Herz,
ob alles rechtens sein müsse.
O heiliger Christ,
sieh Deine Kirche.
Verjung die Würdigen,
mach Junge frei.
Zeig Recht sprechenden Männern
die Wehen,
Glaubenswährern die Fragen der Zeit.

Der zweite Teil bezieht sich auf die irdische Kirche, die sowohl Glück als auch Schmerz bedeutet. Hier wird denn auch Glaube und kritische Rückfrage mit einander verbunden und mit einem starken Bittgebet um die wahre Gestalt der Kirche gerungen.

3
Glaubende kommen nie ans Ende.
Glaubende sind nie am Ziel.
Auch Du nicht,
Herr der Zeitenwende.

Der dritte Teil eröffnet glaubend und hoffend die Zukunft in Gott. Hier wird das Christusgeheimnis als

Wir glauben, dass Du
der Lebendige bist.
Wir glauben, dass der teilende Christ,
täglich mitten unter uns ist.
Wir sprechen ja
aus bewusstem Mund.
Wir sprechen im Ja
das göttliche Und.

Und das Leben der kommenden Welt.
Und das Leben des künftigen Seins.
Und im Licht des Vaters wohnen
Und im Wort des Sohnes schauen
Und in der Liebe des Geistes leben.

zukünftige Gegenwart und als gegenwärtige Zukunft geglaubt. Die veraltete Form »Christ« für »Christus« wird hier ganz bewusst aufgenommen und in eine klare Zweideutigkeit gebracht. Eindrücklich ist auch das göttliche »Und«, das unendlich vieles mit sich bringt. Die letzten Sätze sind schlechthin großartig.

Dein Leben in allem,
wir verwandelt im Nu.
Ewiger Friede in allem,
das Leben im Du.
Wir singen, wir staunen.
Zu Füßen lag
unser Menschsein erlöst.
Es singt der Tag.
Es singt das Ewige in uns Armen
verwandelt durch dein Gott-Erbarmen.

Sanctus

Nicht nur
das Cherubinische Heilig.
Nicht nur das Heilig
entferntester Heere.
Nicht nur Deine
unnahbare Majestät.

Auch Deine Nähe ist heilig.
Dein Hiersein ist heilig.

In diesem überzeugenden Sanktustext bleiben zwei Fremdwörter und eine Wortkombination für den normalen Gottesdienstbesucher unverständlich.
Sie sollten ersetzt werden:
– Cherubinisch: etwa:
Nicht nur das Heilig der Engel

Dein Mitten-unter-uns.
Alles Leben ist heilig.
Alles Sterben ist heilig.
Alles Kommendürfen und Gehen.

Und das Wasser ist heilig.
Die Luft ist heilig,
heilig das göttliche Feuer.
Heilig die Erde,
die uns fährt.
Heilig der Acker,
der uns nährt.

Heilig weht zur Küste der Wind.
Heilig jedes geborene Kind.
Heilig das Land.
Heilig die Stadt.
Heilig, wer Gott gefunden hat.

Heilig, riefen die Propheten.
Heilig Maria sprach ihr Gebet.
Heilig, wir rufen den Paraklcten.
Sprecht »Heilig, Sanctus,
Hagios, Kadosch«.
Ruft »Heilig, Herr, Lord,
Seigneur, Kyrios«.
Denn Er will kommen,
unter uns sein.
»Benedictus Gepriesen
in Brot und Wein.«

– Die Erde, die uns fährt: Offensichtlich wird hier ein Reim gesucht. Auch wenn das Wort nicht vollkommen reimt, wäre besser: die Erde, die uns trägt
– Paraklet: Auch hier wird offenbar eine reimende Entsprechung gesucht, vielleicht so: heilig wir Gottes heiligen Geist erbeten.

Hingegen ist die Fremdwörterhäufung am Schluss ein guter Einfall, um das universale Lob Gottes anzustimmen – angesichts des Brotes und des Weines, in denen sich Gott vergegenwärtigt.

Agnus Dei

Verurteilter Christus,
erbarme Dich unser.

Gekreuzigter Christus,
erbarme Dich unser.

Die sechs Christusanrufungen sind wohl kaum zu kritisieren. Das Motiv des Lammes ist auf eine Anrufung reduziert, die

Schuldloser Christus,
erbarme Dich unser.

Sündloser Christus,
nimm unsere Sünden hinweg.
Kreuzeslamm,
Du ziehst alles an Dich.

Auferstandener, gib uns
Deinen Frieden.

vielleicht besser so
lauten könnte:
Verstoßenes Lamm,
Du ziehst alles an Dich.

Communio

Siehe der Herr kommt

Siehe Er kommt
Und alle Heiligen mit ihm

Beschallungen schweigen.
Mikrophone verstummen.
Die Motoren stehen still.

Höre der Herr kommt
Und alle Heiligen mit Ihm

Die Flüsse rauschen.
Die Winde fahren.
Die Lüfte dröhnen.

Sagt der Herr kommt
Und alle Heiligen mit Ihm

Rednern verschlägt's die Sprache.
Agenturen reißen die Bilder.
Die Nachrichten schlagen aus.

Dieses Kommunionlied verbindet den Kommunionempfang mit der eschatologischen Hoffnung. Der Gang zur Kommunion wird zum Marsch in die ewige Heimat! Hier erreicht die poetische Kompetenz P. K. Kurz' ihren Höhepunkt. Fragwürdig erscheinen mir höchstens die Worte »Präsenz« und »Referenz«, wieder zwei Fremdwörter, die reimen. Was könnte man an ihrer Stelle sagen? Vielleicht:
Jetzt ist da – unser Gott.
Jetzt erwartet er unser
Wort
Unser Amen, ja Amen.

Der himmlische Marsch formiert sich.
Der himmlische Marsch kommt in Fahrt.
Die Heiligen fahren auf uns zu.

Das Überwältigende leuchtet.
Das Notwendende waltet.
Die Beseligten strahlen.
Trommler und Trompeten fliegen voraus.
Weiße und blaue Gewänder wallen voraus.
Der himmlische Marsch dröhnt.

Er erfüllt die Lüfte.
Er erfüllt die Düfte.
Er durchdringt die Stadt.

Jetzt hören Widerstrebende.
Jetzt sehen ihn Streitende.
Jetzt fädeln Hinkende sich ein.

Ja, Taube musizieren.
Ja, Lahme jubilieren.
Ja, Blinde tanzen den Weg.

Auf zu den Geheilten.
Auf zu den Verwandelten.
Auf zu den Verwandten.

Auf daß wir preisen.
Auf daß wir rühmen.
Auf daß alles Leben Ihn schaut.

Jetzt heiligt Präsenz.
Jetzt ertönt Reverenz.
Unser Amen-Amen.

Die Chöre oben,
die Chöre unten
schallen den Namen der Namen.

Ich kann mich nur wiederholen. Dieser poetische Text beweist, dass liturgische Texte nicht in einem Team erarbeitet werden können. Sie sind das Ergebnis charismatischer Sprachkompetenz und bleiben immer an den Genius einzelner Dichter und Dichterinnen zurückgebunden. Nur unter dieser Bedingung können sie auch jene Kraft vermitteln, die dem Wort innerhalb der biblischen Tradition zukommt.

Die Alternative zur »verwalteten« Liturgie: Die Thomas-Messe

In anderer Hinsicht ist die so genannte »Thomas-Messe« die große Alternative zu einer von oben »verwalteten« Liturgie, die zum Teil die Mitschuld trägt für die schwindende Teilnahme.
Der Ausdruck »Thomas-Messe« wurde von Pastor Olli Valtoonen geprägt, der 1989 begann, jeden Sonntagabend in der Agricola-Kirche zu Helsinki einen Gottesdienst für Menschen zu feiern, die sich als Christen verstehen wollen, aber sich gleichzeitig als »Zweifler« bezeichnen. Seit 1993 gibt es solche Gottesdienste in ganz Deutschland und anderswo, so dass man von einer unter sich vernetzten Bewegung sprechen muss. Alle nachstehenden Informationen habe ich aus dem Internet entnehmen können.
Der hauptsächlichste Unterschied zu den traditionellen Gottesdiensten besteht vor allem in der Art und Weise, wie diese vorbereitet werden. In diesen Prozess werden möglichst viele einbezogen. Um diesen Entstehungsprozess darzustellen, muss man schon ein eigentliches Organigramm entwerfen: Plenum – Moderation – Planungsgruppe – Sprecher-/Sprecherinnengruppe – Arbeitsgruppen – Altargruppe – Musikgruppe – Gebetsgruppe – Verkündigungsgruppe... Die Mitarbeit bei dieser Vorbereitung ist sozusagen allen offen. Die Kirche ist hier zu einem Basisereignis geworden; eine Bewegung, die sich fortzeugt, eine Kirche, die sich stets neu als Versammlung des Auferstandenen erfährt...
Für uns ist die Art und Weise, wie die Bewegung vom Gebet spricht beziehungsweise mit dem Gebet umgeht, von besonderer Bedeutung. Da gibt es eine »Gebetsgruppe« und eine »Gebetsphase«. Beides wird im Bremer Modell wie folgt umschrieben:

Gebetsgruppe denkt gemeinsam über das Thema nach, sammelt Ideen und hilft damit den Mitarbeitern/Mitarbeiterinnen, die in der Gebetsphase der Messe ihre persönlichen, zum Thema passenden Gebete beten werden. Darüber hinaus betreuen die Mitglieder dieser Gruppe in der Messe die Altäre, an denen die Besucher ihre eigenen Gebete aufschreiben, um sie anschließend auch vor Gott zu bringen.

Gebetsphase: Die Thomas-Messe lebt ganz wesentlich vom Dialog. Das Zwiegespräch mit Gott ist das Herzstück der Thomas-Messe. Deshalb gibt die Thomas-Messe Gebeten sehr viel Raum: Für die sogenannte Gebetsphase nehmen wir uns eine gute halbe Stunde Zeit. Während der Gebetszeit können die Besucher sich in der Kirche bewegen. An mehreren Plätzen in der Kirche sind Altäre aufgebaut, die zum Gebet einladen. Jeder Altar hat einen inhaltlichen Bezug zum Thema des Gottesdienstes oder zum Bibeltext der Verkündigung. Die Aspekte Dank und Bitte werden bei der Gestaltung der Altäre immer berücksichtigt. Das Gebet an den Altären hat unterschiedliche Formen: Man kann

- eine Gebetskerze entzünden
- ein Gebet aufschreiben
- um den Segen bitten und sich den Segen persönlich zusprechen lassen
- das Gespräch mit einem Seelsorger suchen
- in der Stille um das Kreuz beten
- in einer symbolischen Handlung (Ablegen eines Steines) eine Last oder Schuld ablegen und Entlastung erfahren.

Ob und welches Angebot zum Gebet man annimmt, liegt in der Freiheit jedes Einzelnen. Und manchem, der gerne beten möchte, aber nicht weiß wie, kann die Thomas-Messe ein Ort sein, das Beten zu lernen. Denn die Gebete in der Thomas-Messe sind mit ihrer direkten und unverbrauchten Sprache auch ein Beispiel und eine Hilfe für die eigene Gebetspraxis.

Die Mitglieder des Bremer Teams beginnen die Gebetsphase meist mit eigenen Gebeten, die sich inhaltlich am Thema der Messe orientieren und die Erfahrungen, Wünsche, Ängste ihrer Autoren widerspiegeln. Danach haben die Besucher Zeit, ihre eigenen Gebete zu formulieren. Im Anschluss an das persönliche Gebet an den Altären wird ein (von den Verfassern gekennzeichneter) Teil

der aufgeschriebenen Gebete in den Fürbitten laut gebetet. Aller aufgeschriebenen Gebete nimmt sich das Team in den folgenden Tagen an und betet sie in Stille.
Für die meisten Besucher ist die Gebetsphase eine Zeit der Bewegung. Mehrere ausgeschmückte Altäre (nicht selten wirken Künstler/Künstlerinnen aus Bremen und dem Umland mit) laden zu den beschriebenen Aktivitäten ein. Während du in dem großen Gebäude von einem zum anderen gehst, werden sich vielleicht auch deine Gedanken bewegen. Die dabei entstehende Unruhe soll dich aber nicht vom Nachdenken abhalten. Dafür, dass du zur Ruhe kommen kannst, steht immer ein Meditationsbereich zur Verfügung, ein Sitzkreis im etwas abgelegenen Bereich der Kirche unterstützt durch die musikalischen Einlagen.«

Dem Gebet wird also ein großer Stellenwert eingeräumt, schon vorher in der Vorbereitungsphase, aber dann auch innerhalb der Feier selbst. Das Gebet wird individualisiert in dem Sinne, dass der Beter, die Beterin selbst Ort, Stil, Wort wählen und einbringen kann. Dabei werden auch vorbereitete Gebete vorgetragen. Aber zunächst erscheint der Kirchenraum (hier in Bremen) als ein Versammlungsraum vieler Gebetsgruppen mit den unterschiedlichsten Formen des individuellen Gebetes. Sie sammeln sich dann zu einer gemeinsamen Feier. Was mir auffällt, ist die Tatsache, dass über die Gebetssprache selbst nicht viel Erhellendes zu erfahren ist, außer:
»In Winsen sind es etwa 20 Personen im Vorbereitungskreis und 20 Personen im Chor. Deshalb ist es keine Ein-Mann-Show. Da, wo Pastoren und andere Hauptamtliche in der Kirche die Gaben und Ideen der so genannten ›Laien‹ sehen, sie fördern und zur Wirkung kommen lassen, da entsteht viel mehr Lebendigkeit in Gottesdiensten und Veranstaltungen. Dies macht bei uns in Winsen einen ganz großen Teil der Thomas-Messe aus.
Wenn ganz ›normale‹ Menschen ›ganz normal‹, daß heißt mit ihren Worten über ihren Glauben reden oder Gebete formulieren, wird es oft besser verstanden oder aufgenommen, als wenn es immer nur die ›Kirchensprache‹ ist.
Schauen Sie sich zum Beispiel die Seitenaltäre an, lesen Sie die Texte, dann wissen Sie, was wir meinen.«

Mit andern Worten: Offiziell vorgegebene Gebete werden dynamisiert durch selbstgewählte oder gar selbstverfasste Gebete der Teilnehmer/Teilnehmerinnen. Es wäre nun interessant, zu vernehmen, wie diese Gebete konkret aussehen. Auf den Internetseiten sind dann Gebetstexte moderner Autoren abgedruckt, die den Vorstellungen entsprechen, die ich in diesen Vorlesungen vertrete.

Mich überraschen vor allem zwei Dinge:

- Der Zweifel, das Unvermögen des Glaubens oder gar der Unglaube kommen in diesen veröffentlichten Texten kaum zum Ausdruck. Dabei wäre gerade dieser Aspekt bei einer »Thomas-Messe« besonders zu erwarten. Das Postulat einer »Krisensprache« ist auch hier nicht erfüllt.
- Das Abendmahl wird wie selbstverständlich in diesen Gottesdienst aufgenommen. Es wird betont, dass davon niemand ausgeschlossen ist und alle eingeladen sind. Das Abendmahl ist die Begegnung mit der »Freundlichkeit Gottes«, wie sie in Jesus Christus aufgeschienen ist. Der mystische Kern der christlichen Lebensform, die Vergegenwärtigung des auferstandenen Jesus, wird also ganz selbstverständlich vorausgesetzt. An dieser Stelle fragt sich, warum ein solcher »Zwang« zum Abendmahl bestehen muss. Wären nicht auch andere Symbolhandlungen möglich, die dem Anliegen der »Thomas-Messe« näher stünden und auch eine noch größere Freiheit möglich machten? Dabei ist freilich zu wünschen, dass die Begegnung mit dem Auferstandenen und die Erfahrung des mystischen Kerns das angestrebte Ziel bleibt.

Um noch genauer hinzuschauen, sollen nun zwei »normierte« Abläufe dargestellt werden, die in der Durchführung natürlich variiert werden können. Der eine stammt aus St. Marien, Winsen/Luhe, der Gemeinde, die als erste in Deutschland das Konzept der Thomas-Messe übernommen hat, der andere aus Aalen.

St. Marien, Winsen/Luhe

I. Wir lassen uns in den Gottesdienst hineinnehmen

1. **Einstimmen**
- Singen von Liedern mit der Band und dem Chor
- Verweilen an den Nebenaltären, die thematisch ausgerichtet sind
- Lesen von Texten in den Bänken

2. **Einzug der Thomas-Mitarbeiter** zum Hauptaltar mit einem Taizé-Kreuz und Kerzen in den Händen

Eingangslied

3. **Begrüßung durch die Anleiterin**

Gemeindelied

II. Wir bereiten uns vor, Gott zu begegnen

Garderobengebet

1. *Laudate omnes gentes 2* x
2. Ankommenstext Teil 1
3. *Laudate omnes gentes 2* x
4. Ankommenstext Teil 2
5. *Laudate omnes gentes 2* x

Gemeindelied

III. Wir hören die gute Nachricht

1. Vorlesen des Predigttextes, eingerahmt durch das Licht von Kerzen

Gemeindelied

2. Predigt

Instrumentalmusik oder Solo Chor

3. Glaubensbekenntnis (im Stehen)

Gemeindelied

IV. Wir nehmen uns Zeit zum Beten (offene Phase)

1. **Einleitende Worte der Fürbittenleiterin**
2. **Unterschiedliche Formen des Betens**
   (*Chor singt dabei Taizé-Lieder etc.*)
3. **Vorlesen von Gebetsanliegen durch Mitarbeiter**
4. **Abschlussfürbitte**

Gemeindelied

V. Wir feiern Gottes Freundlichkeit

1. Einleitende Worte

Gemeindelied

2. Abendmahlsgebet
3. »Vater unser« (gesprochen vom Pastor)

Chor singt *Adoramus te, Domine*

4. Abendmahlsworte
5. Friedensgruß
6. Einladung zum Abendmahl
7. Austeilung

Gemeindelied

VI. Wir lassen uns senden mit Gottes Segen

1. Abkündigungen durch die Anleiterin
   Kollekte
2. Sendung und Segen durch die Anleiterin

Gemeindelied

dabei Auszug der Mitarbeiter mit dem Taizé-Kreuz und den Kerzen

Aalen

Vorbemerkung: Dieser Aufbau stellt nur ein grobes Schema dar, da jede Thomas-Messe den Aufbau leicht variiert. »M.« steht für Moderation.

Ankommen

- Musik in der Kirche
- Gespräche
- Ansingen
- Vorspiel und Einkleidung der Mitarbeiter
- Lied
- M: Begrüßung, liturgischer Gruß und Einführung

Ablegen und Aufatmen

- Lied
- Psalmgebet

- Gebet
- Stilles Gebet
- Lied

Neuem begegnen

- Evangelium oder Text aus der Geschichte des Glaubens
- Instrumentalmeditation
- Predigt (als Dialog, Anspiel, Meditation, ...)
- Lied

Sich aufmachen und entdecken

- Musik spielt weiter
- M: Einführung in offene Phase
- Offene Phase (Kreativstation, Klagemauer, Fürbittestation, Segensecke...)
- Musik
- Lied
- Gebete aus der Fürbittestation

Feiern und empfangen

- Abendmahl mit Lied
- Vaterunser, auch gesungen

Loslassen und Weitergehen

- M: Ansagen mit Opferprojekt
- Segen
- Lied: Abendlied, Segenslied oder ähnliches
- Musik spielt weiter, Gespräche

Diese beiden Abläufe zeigen tatsächlich eine Alternative zur »verwalteten« Liturgie, ohne dass sie auch einen totalen Bruch zur Tradition darstellen. Ich denke, dass dieser Alternative die Zukunft gehört.

Andere Formen des gemeinsamen Feierns

Unter diesem Titel möchte ich noch einiges hinzufügen, was bei einer modernen Gebetskultur zu beachten wäre.

Andere Symbolfeiern

Brot und Wein sind nicht die einzigen »Gegenstände«, um die sich die Lebensform der Christen sammeln kann. Eigentlich kann alles, was in der weiten Schöpfung anzutreffen ist, »emporgehoben werden« und im Horizont des Glaubens einen neuen Sinn bekommen. Alles kann zum Ort der Begegnung mit Gott und seinem auferstandenen Sohn werden. Das wird ja in den so genannten »Sakramenten« der Kirche sehr eindrücklich gezeigt. Wir müssten auch hier mit ähnlicher Akribie wie bei der Eucharistiefeier Satz für Satz durchgehen und neue Texte versuchen, die unseren Erfahrungen nahe stehen. Für die Taufe habe ich in meinem Gebetbuch »Gott, der mich atmen lässt« (98ff) einen Ritus vorgelegt, der inzwischen nicht nur in unserem Sprachgebiet verwendet wird.
Was mir aber im Blick auf unsere ökologische Sensibilität wichtig ist, das ist meine Überzeugung, dass die Sakramentalität auf die ganze Schöpfung auszudehnen ist: auf ein verwelkendes Blatt, einen dürren Ast, einen Olivenzweig, Steine ... In meiner priesterlichen Tätigkeit habe ich seit Jahrzehnten die oben genannte Struktur des kanonischen Hochgebetes auf andere Symbolfeiern angewendet. Hier tut sich ein Raum auf, in dem – wenigstens im Bereich der nichtsakramentalen Handlungen – große Gestaltungsfreiheit gegeben ist.

Brot und Milch

Als erstes Beispiel möchte ich das »Feierabendmahl« nennen, das im Pilgerzentrum des Evangelischen Kirchentages in Frankfurt (2001) gefeiert wurde. Statt Brot und Wein nahmen wir Brot und Milch. Wir wollten uns ganz bewusst absetzen von den Diskussionen, die um diese Feiern im Vorfeld des Kirchentages geführt wurden. Deshalb wählten wir ein meditatives Essen und Trinken, wozu vorgängig zu meinem Hochgebet (s. S. 219) entsprechende Anweisungen gegeben wurden.

Salbungsgottesdienst
Unter diesen Symbolfeiern kommt den Segens- und Salbungsgottesdiensten eine besondere Bedeutung zu. Das zeigt der große Zuspruch, den diese Gottesdienstform erlebt. Die Erkenntnis drängt sich auf, dass sich darin Gottes Zuwendung und Freundlichkeit in besonderer Weise erlebbar machen lässt (vgl. S. 219ff).
Ich möchte hier ausdrücklich auffordern, die sakramentale Weltsicht umzusetzen in eine neue Sprache. Nichts ist in dieser Welt, was nicht auch ein Anlass sein könnte, das große Dankgebet der Söhne und Töchter Gottes anzustimmen.

Die Psalmen als Modell
Was bisher vor allem unerfüllt geblieben ist, ist das Postulat einer so genannten »Krisensprache«. Dabei hätten wir im Alten Testament ergreifende Vorgaben: die Klagelieder, das Buch Hiob, die Psalmen. Hier wird gezeigt, dass Beten nicht nur ein leises, frommes Säuseln ist, auch nicht nur Lob und Dank, sondern auch Murren, Zweifeln, Fluchen, Klagen.
Das gemeinsame Beten der Christen sollte sich also nicht nur am Auferstandenen orientieren, sondern auch am Gekreuzigten, an Hiob und anderen beklagenswerten Gestalten, an den Beterinnen und Betern, die ein schweres Schicksal zu bewältigen hatten. Vor allem sind es die Psalmen, die auch heute noch Modellcharakter haben für den vielfältigen Schrei der Menschen.
Die Psalmen haben über die Jahrhunderte das Gebetsleben der Juden und Christen bestimmt. Sie sind auch heute noch das offizielle Gebet der Priester und Ordensleute der katholischen Kirche. Ich muss freilich gestehen, dass ich in unseren Gemeinschaften oft nicht mehr in der Lage bin, innerlich mitzugehen. Für den modernen Menschen kommt noch hinzu, dass die historischen Psalmen kulturell und psychologisch sehr weit von uns entfernt sind.
Es wäre natürlich vieles zum Vollzug der historischen Psalmen selbst zu sagen: über die Art und Weise des Psalmodierens, über die Notwendigkeit, sich auf einen einzigen Psalm zu beschränken und dabei die Zeit zu verwenden, die man bisher für drei Psalmen gebraucht hat...

Ich möchte hier aber aufmerksam machen, dass eine Übertragung der Psalmen in unsere Zeit viel konsequenter versucht werden sollte. Ich habe begonnen, mich mit diesem Problem zu beschäftigen. Dabei haben sich mir bisher folgende Erkenntnisse aufgedrängt:

- Die Psalmen sprechen eine »vorchristliche« Sprache. Diese sollte beibehalten werden, weil gerade diese Sprache es heutigen Betern und Beterinnen ermöglicht, sich mit den Texten schneller zu identifizieren.
- Diese Sprache muss freilich auch mit heutigen Problemen und Situationen verbunden werden. Die alten Texte sind, um es nochmals zu sagen, »kreativ zu reproduzieren«.
- Die christliche Interpretation der Texte soll durch eine zusätzliche Interpretation geschehen. Dafür können neutestamentliche Bezugsstellen herausgestellt werden, die sich eventuell als Lesungen eignen.
- Die Psalmen enthalten verschiedene Sprachebenen. Das führt zu verschiedenen Vollzugsmöglichkeiten: intimes Gebet beziehungsweise meditative Lesung, Rollenspiele, Liturgien ...; ja man könnte einzelne Psalmen entfalten – bis hin zur szenischen Interpretation.
- Auch hier möchte ich auf das »Sakrament des Gottesnamens« hinweisen (s. oben).

(Vgl. die Beispiele, die ich auf den S. 158ff vorlege, bezogen auf die Krisensprache besonders Psalm 6 und 22. Letzterer ist ein besonders eindrückliches Beispiel für eine Sprache des Angefochtenseins.)

Andachten

Unter »Andacht« verstehe ich einen Gottesdienst, bei dem ein Aspekt des Heilshandelns Gottes in besonderer Weise betrachtet wird. In früheren Zeiten, als die Eucharistie noch in der Kultsprache Latein gefeiert wurde, hatten diese volkssprachlichen Andachten eine große Bedeutung für das Volksempfinden. Unter ihnen waren besonders die Kreuzweg- und Maiandachten die herausragenden Brennpunkte dieser so genannten Paraliturgie.
Seit der Liturgiereform sind die Andachten stark zurückgetreten. Trotzdem sind in das neue Kirchengesangbuch der Schweiz viele

Gebetselemente für solche Andachten aufgenommen worden. Sie sind aber formal nicht so ausgefallen, wie sie aufgrund der Postulate für die Gebetssprache sein müssten. So sehr mir die neuen Lieder des KG gefallen, so sehr verfehlt dieser Teil seinen Sinn. Die Gebete sind zu geschwätzig, zu theologisch beziehungsweise doktrinär und vor allem zu wenig orientiert an der poetischen Sprache.
Ich greife aus den vielen Andachtselementen wahllos KG 372 heraus, eine Andacht zur »Taufe Jesu«. In Klammer habe ich Zahlen eingefügt, denen anschliessend an den Text kritische Anmerkungen zugeordnet sind.

V Jesus Christus,
unser Bruder und Herr,
in der Taufe beugst du dich unter das Zeichen der Umkehr und der Buße (1).
Du kennst die Sünde nicht (2) und stellst dich dennoch in eine Reihe mit uns sündigen Menschen. Du trägst die Folgen unserer Sünden, damit wir vor Gott bestehen.
Deine Hingabe an den Vater macht unserer Verweigerung Gott gegenüber wieder gut (3). Dies wissen wir (4), weil du selber es uns gesagt hast:

A So sehr hat Gott die Welt geliebt, dass er seinen einzigen Sohn hingab, damit jeder, der an ihn glaubt, ewiges Leben hat.

V Gott schenkt, was wir Menschen aus eigener Kraft nicht schaffen: In dir, Herr Jesus Christus, sagt Gott ein bedingungsloses Ja zu uns schuldverstrickten Menschen. (5)

A Denn Gott hat seinen Sohn nicht in die Welt gesandt, um die Welt zu richten, sondern damit die Welt durch ich gerettet werde.

V In deiner Taufe feiern wir das Ja Gottes zu uns (6). Auch wir sind gemeint, wenn aus dem Himmel eine Stimme erschallt: Du bist mein Sohn, dem meine Liebe gehört; dich habe ich erwählt. Als Getaufte stehen wir unter diesem Wort (7).

A Seht, wie groß die Liebe ist, die der Vater uns geschenkt hat: Wir heißen Kinder Gottes und sind es.

V Als Gottes Sohn erfährst du alsbald die Macht des Bösen: Du wirst in die Wüste geführt und vom Satan belästigt (8). In der Wüste, dem Ort der Entbehrung und der Verlassenheit, erfährst du die Not unsrer Versuchungen. Auch diese Abgründe bleiben dir nicht erspart. (9)

A Du warst Gott gleich, hielst aber nicht daran fest wie Gott zu sein. Dein Leben war das eines Menschen; du warst gehorsam bis zum Tod am Kreuz.

V Darum hat Gott dich erhöht, damit alle im Himmel und auf Erden ihre Knie beugen und bekennen:

A Jesus Christus ist der Herr.

Zum Text des KG einige Bemerkungen:
(1) Dieser Satz ist in verschiedener Hinsicht fragwürdig. Formal entspricht er dem Prädikat, das der Gottesanrede normalerweise folgt. Er enthält aber zu viele Aussagen: 1. eine Tat Jesu: »Du beugst dich«; 2. die nähere Umschreibung dieser Tat: unter das Zeichen: »sich unter ein Zeichen beugen«; »beugen« verlangt gewöhnlich den Dativ (ich beuge mich der Gewalt) oder die Wendung »vor etwas« (ich beuge mich vor Gott) – was soll also mit dem Satz gesagt sein? 3. Das Zeichen wird gedeutet: »Umkehr und Buße« – beides Begriffe, die in der heutigen Sprache entweder nicht oder anders verwendet werden. – 4. Schließlich noch eine örtliche Bestimmung des Tuns Jesu: »in der Taufe«. Dazu kommt, dass eine große Menge exegetischer und auch theologischer Fragen vorausgesetzt werden.
(2) »Du kennst die Sünde nicht« ist ein Satz, der so nicht stimmt; es müsste heißen: »Du sündigst nicht«, aber er wird doch wohl die Sünde kennen, der er die bedingungslose Liebe Gottes entgegenbringt. Zudem wird hier auf eine Weise von Sünde, Folgen der Sünde und später auch von Schuldverstrickung geredet, dass

heutige Menschen keinerlei konkrete Erfahrungen damit verbinden können.
(3) Hier wird eine Erlösungstheorie vertreten, die so genannte »Satisfaktionstheologie«, die heute nicht nur umstritten ist, sondern auch auf weitgehende Ablehnung stößt.
(4) Das Gebet lebt nach diesem Gebet aus »Wissen« (statt aus »Erfahrung«!) – eine Auffassung, der auch im Namen des Gebetes widersprochen werden muss. Entsprechend werden auch im Folgenden dem betenden Volk Bibelzitate in den Mund gelegt, sozusagen als Bestätigung der kirchlichen Dogmatik, die hier über das Gebet »verkauft« werden soll. Das Gebet des »Volkes« besteht in diesem Text ausschließlich aus Bibelzitaten, als ob das Zitieren seine Aufgabe wäre. Erst am Ende mündet das in eine echte Gebetsgebärde.
(5) Was der Sinn dieser zwei Sätze ist, ist nicht klar. Wie hängen sie zusammen? Was sollen wir nicht schaffen können? Weswegen ist das bedingungslose Ja notwendig?
(6) Auch dieser Satz ist unverständlich: Wir feiern das Ja Gottes, gut! Aber: in deiner Taufe? Die Taufe Jesu damals? Die Gedenkfeier heute? Dann folgen das mystische Kernerlebnis Jesu, zitiert durch Jes und Ps 2, und ohne weiteres die Übertragung auf uns. Ein langer theologischer Gedankengang wird stark verkürzt, und das in einem Gebet!
(7) »Unter diesem Wort stehen« ist ein Ausdruck protestantischer Verkündigung. Ob es poetisch verstanden werden kann, weiß ich nicht.
(8) Hier wird auf eine Weise Satan eingeführt, die ein bestimmtes Weltbild verstärkt, das beim Volk ohnehin gegeben ist. Es zeugt nicht gerade von pastoraler Klugheit, dies zu tun. Zudem ist es der Heilige Geist, der Jesus in die Wüste führt.
(9) »Unsere Versuchungen« = »auch diese Abgründe« – diese Verbindung ist eine Verharmlosung der wirklichen Abgründe, die Jesus durchläuft, wenn man bedenkt, was unsere Leute normalerweise mit Versuchung verbinden.
Zu diesen Einzelbemerkungen kommt die grundsätzliche Aussage, dass eine »Andacht« ein vor allem emotionales, bewegtes Bedenken des Heilsmysteriums zum Ziel hat. Dies wird aber durch eine so unklare Geschwätzigkeit, die dann auch noch schnell

abgelesen wird, gerade nicht erreicht. Vgl. meinen Gegenvorschlag S. 230.

Freies Beten

Für das freie Beten gibt es naturgemäß keine verbindliche Norm, die allen aufgezwungen werden dürfte. Hingegen zeigt die Erfahrung, dass Formen und Verbindlichkeiten gut sind, wenn die Gebetsatmosphäre nicht gestört werden soll. Dafür sollen folgende Postulate genannt sein:

- Im eigenen Namen beten
- Die »Wir-Formel« nur gebrauchen, wenn der Inhalt wirklich von allen Anwesenden geteilt werden kann
- Keine Geschwätzigkeit
- Die Stille beachten.

(Weiterführende Gedanken auf den S. 144ff)

Gebetssprache im soziologischen und biographischen Kontext

Sprache und Liturgie in nachchristlicher Gesellschaft

Es dürfte sich von selbst verstehen, dass jeder der tragenden Begriffe grundsätzliche Erläuterungen verlangt. Diese sind jedoch nicht nur theoretischer Natur, haben sie doch eine unmittelbare Bedeutung für den liturgischen Vollzug. Wo sie nicht beachtet werden, ist Liturgie tot.

Sprache

Gerade im liturgischen Bereich gibt es immer wieder verhängnisvolle Missverständnisse:

- den **»Textualismus«**: Ein Text wird in seiner bloßen Schriftlichkeit betrachtet, nicht aber in seinem sprachlichen Vollzug. Ein Text wird jedoch erst dann Sprache, wenn er für sich selbst und für ein Auditorium als verstandener und bewusst nachvollzogener Text ausgesprochen wird. Wo Texte nur gelesen, nicht aber sprechend gestaltet werden, vermitteln sie wenig Sinn. Das gilt in besonderer Weise für die Liturgie. Eine Lesung ist wesentlich »Ausrufung«, »Prophetie«, »Predigt« (in vielen Fällen könnte ein gut gesprochener Text ohne weiteres die Predigt ersetzen!), ein Gebet wesentlich »Klage«, »Flehen«, »Jubel«, »Dank«, »Gesang«, auf jeden Fall »Emotion«, »Affekt«, »Laut« (vgl. Buber, Verdeutschung). Ein bloßes Zitieren ist noch kein Sprachvollzug, der auf der Höhe der Sprachmöglichkeiten läge. Warum nur fallen Priester in einen völlig anderen Tonfall, warum werden sie schneller und eintöniger, wenn sie das Hochgebet sprechen? Gerade das Gewichtige muss doch mindestens ebenso gewichtig *gesprochen* werden wie das eigene Predigtwort!
- den **»Vokalismus«**: Die Sprache ist viel mehr als »Laut«. Was jemand verlauten lässt, ist nur ein Teil des Sprechens. Das verlautete Wort muss von der Stille umgeben und durchdrungen sein. Erst so entsteht Sprache, die kommunikativ wirkt. Das gilt bereits für die alltägliche Kommunikation, geschweige

denn für jene Sprache, deren Bezugsfeld »das Heilige« ist. Der Stille kommt sogar gegenüber dem Laut Priorität zu. Die Stille kann ohne Laut tiefste Kommunikation sein, ein Laut aber, der nicht an Stille gebunden ist, wird zum bloßen Lärm! Die »Geschwätzigkeit«: viele Texte, lange Erklärungen verhindern wahre Kommunikation. Weniger ist mehr! Wenig Text, wenig Worte – dafür mehr Stille, mehr Atmosphäre, mehr Kommunikation jenseits der Stille und Einbettung des Wortes in das übergreifende Kommunikationsgeschehen (Symbol, Ritual ...) – das alles sind Postulate einer stressfreien und unverzweckten Unterbrechung der alltäglichen Zwänge und Gesetze durch Gottesdienst.

Sprache und Liturgie

Die vorausliegenden Bemerkungen stehen von allem Anfang an im Kontext der Liturgie. Von der Liturgie her ergeben sich folgende Gesichtspunkte:

- Liturgische Sprache ist **Symbolsprache**. Sie ist in Verkündigung, Bekenntnis und Gebet von anderer Art als die wissenschaftliche Sprache. Diese definiert, grenzt ab, beschreibt, weist an; liturgische Sprache entgrenzt, eröffnet, verweist, symbolisiert. Sie ist der Dichtung verwandt oder gar mit ihr identisch. Dieses Postulat bewahrt vor dem Klerikalismus und dem Moralismus, beides klassische Irrwege des liturgischen Handelns. Sprache, die sich als Dichtung versteht, ist zudem der einzige Weg, in einer pluralistischen Gesellschaft Liturgie zu feiern. Dichtung legt nicht eins zu eins fest, sondern eröffnet einen Raum, in dem sich viele Deutungsmöglichkeiten frei bewegen können.
- Liturgische Sprache ist verkürzte, verknappte und **verdichtete Sprache**. In stilistischer Hinsicht bedeutet das: Parataxen, höchstens ein Nebensatz pro Hauptsatz, der zweite verkompliziert den Stil für Hörtexte bereits derart, dass der Durchschnitt der Zuhörer/Zuhörerinnen erwiesenermaßen nicht mehr in der Lage ist, den Text zu verstehen, geschweige denn nachzuvollziehen. Dazu kommt das Postulat: keine Fremd-

wörter, kein theologischer Fachjargon! Nicht mehr als 14-Worte-Sätze! Man beachte einmal das Grundgebet der Christen, das Vaterunser. Wo sich die liturgische Sprache nicht diesem einfachen Satzbau und dieser schlichten Sprache annähert, verfehlt sie ihr Ziel, das kommunikative Verstehen. Das Ziel wird ebenfalls verfehlt durch die Absicht, mittels Gebet zu belehren.

Sprache und Liturgie in nachchristlicher Gesellschaft

Das Stichwort »nachchristliche Gesellschaft« wird im Zusammenhang der gottesdienstlichen Praxis sehr oft überstrapaziert. Zwar ist nicht zu übersehen, dass die so genannte »Christianitas«, die »christliche« Prägung der Gesellschaft, ihr Ende gefunden hat. Daraus aber zu folgern, dass es keine eigene Sprache der christlichen Gemeinschaft mehr geben darf, ist unzulässig. Warum denn – um Gottes willen! – sollen Ausdrücke wie »Evangelium« beziehungsweise dessen deutsche Entsprechung »frohmachende Botschaft«, oder Begriffe wie »Demut«, »Gehorsam«, »Menschwerdung«, »Gnade«, »Offenbarung« und so weiter nicht mehr gebraucht werden dürfen, wie das eine von einem Orden eingesetzte Sprachkommission zur Erstellung eines Werbeprospektes letzthin forderte. Wenn es heute, was natürlich vorausgesetzt ist, immer noch so etwas wie eine klar identifizierbare christliche Lebensform gibt, gibt es – als sprachlich-kommunikative Ausdrucksform davon! – auch ein entsprechendes »Sprachspiel«. Das Problem »Sprache und Liturgie in nachchristlicher Gesellschaft« ist also zunächst kein Sprachproblem, sondern ein Identitätsproblem. Sonst müssten – weil ja nicht alle Fußballfans sind! – Worte wie »Elfmeter«, »Abseits«, »Torwart«, »Libero«, »Stürmer«, »Verteidiger« aus dem Repertoire des Fußballtrainers getilgt werden. Halten wir fest: »Nachchristliches Zeitalter« hat keine direkten Folgen für die liturgische Sprache, da es die christliche Lebensform, zwar nicht als einzige, so doch immer noch als eine unter vielen gibt, von denen jede ihr Sprachspiel spielt.

Nun ist freilich christliche Lebensform auch eine geschichtliche Größe, das heißt: Sie ist gewissen Veränderungen unterworfen, die auch ihre sprachlichen Konsequenzen haben. Dazu gehören folgende für Liturgie und Sprache relevante Aspekte:

- **Demokratische Lebensform:** Zwar wird von der offiziellen katholischen Kirche immer noch festgehalten, Kirche sei keine demokratische Lebensform. Hier zeigt sich aber ein theologisches Defizit derer, die verständlicherweise an ihrer Macht festhalten müssen. Historisch steht unterdessen fest, dass es verschiedene Organisationsformen von Kirche gab – je nachdem, in welchem gesellschaftlichen Kontext sie sich ansiedelte. Dass sich eine monokratische Kirche herausbildete und in einem entsprechenden gesellschaftlichen Umfeld durchsetzte, ist zwar verständlich, sie darf aber nicht als ein für alle Mal gottgefügt und gottgesetzt betrachtet werden. Die frühe Kirche ist alles andere als monokratisch gewesen. In einem demokratischen Umfeld muss sich die Kirche zu einer demokratischen Organisation wandeln. Die heutige Liturgie ist von einer nicht mehr verständlichen »monokratischen Auffassung« geprägt. Die »Stellvertreter-Christi-Theologie« muss als das erkannt werden, was sie ist: als ideologische Überhöhung eines monokratischen Anspruchs (vgl. A. Rotzetter, Gegenwart Gottes). Dieser verhindert einen liturgischen Vollzug, der den modernen Vorstellungen gerecht werden könnte. Wie oft wird auf dieser Grundlage Liturgie zur Selbstdarstellung und Selbstzelebration des Priesters, und ebenso oft führt dieser Anspruch zu Gottesdiensten, welche dem Diktat und den Vorlieben des Priesters entsprechen, nicht aber zu solchen, in denen eine wirkliche und allseitige »participatio actuosa« möglich wäre und sich darum alle Teilnehmer/Teilnehmerinnen wirklich zuhause fühlen könnten. Ebenso ist das Gerangel um die beziehungsweise die Durchsetzung der so genannten »Präsidialgebete« (Begrüßung, Orationen, Hochgebet) eine völlig überflüssige Kraftverschwendung und lässt Gottesdienst auf langen Strecken zu langweiligen Einmanndarstellungen verkommen.
- **Nichtsexistische Lebensform:** Unterdessen dürfte es sich herausgestellt haben, dass ein einseitig männliches Gottesbild

und ein vom Mann diktiertes Rollenverständnis (Ablehnung des Priestertums der Frau) ebenso unmöglich geworden sind wie ganz allgemein das Vergessen, Unterdrücken und Verschwinden der weiblichen Wirklichkeit in der Sprache. Dass wir Abstand genommen haben von antisemitischen Vorstellungen und Sprachformen, gehört zu den guten Reformen der letzten Jahrzehnte. Wie lange wird es gehen, bis sich eine nichtsexistische Benennung Gottes und der Wirklichkeit durchgesetzt haben wird? Ein späterer Papst wird sich schwer tun, wenn er sich für die entsprechenden Entscheidungen von Papst Johannes Paul II. entschuldigen muss – ähnlich wie er selbst sich schwer tut, sich auf eine wirklich befreiende Weise zur Schuld der Kirche gegenüber den Juden zu bekennen.

- **Missionarisch-katechetische Situation:** In vielen Fällen darf tatsächlich die Identität der christlichen Lebensform nicht einfach vorausgesetzt werden. Bis in unsere Gottesdienste hinein muss daher zweierlei deutlich werden. Einmal muss der Deutehorizont, vor dem liturgisches Handeln geschieht, klar aufleuchten: Jahwe, »der/die da ist«, will in jeder geschichtlichen Stunde als befreiende Kraft gegenwärtig bleiben bis ans Ende der Zeiten; Jesus, der dieses bleibend-befreiende Geheimnis vergegenwärtigt und sich dafür bis zum Äußersten, bis zum »Geht-nicht-mehr« liebend verausgabt – eine Verausgabung, die ein für alle Mal gültig bleibt und sich im Hier und Jetzt einer Gemeinschaft vergegenwärtigt. Dieser Deutehorizont hat einen sprachlichen Ausdruck, nicht nur in den Texten, die »ausgerufen« werden, in den Gebeten, in denen sich Menschen klagend und fragend oder bittend und dankend, zweifelnd oder verwundert an Gott wenden, sondern auch in den ausdrücklichen Deutetexten, den Hochgebeten beziehungsweise den Segensgebeten, in denen alltägliche Dinge, Brot und Wein, Wasser und Öl, aber auch – warum nicht? – Steine und Baumzweige, Oliven und Trauben eine universal-mystische Unendlichkeit bekommen, ja Gott selber auf einer sinnlich-erfahrbaren Ebene vermitteln. Sprachlich darf von diesem Deutehorizont nichts verschwiegen werden, wenn er auch – und das ist das zweite Moment –

den Verstehensmöglichkeiten der Gottesdienstbesucher angenähert werden muss. Das kann – neben den oben genannten Aspekten – nur eine heutige Sprache leisten, die der konkreten Situation der Feiernden entspricht. Freilich ist das eher ein Postulat bezüglich des ganzen Sprachspiels und weniger ein solches bezüglich einzelner Worte. Ideal wäre es, wenn sich die spirituelle (!) und die theologische Kompetenz mit der Sprachkompetenz verbände, sodass Gebete und Deutetexte spontan entstehen könnten. Dazu aber sind die heutigen »Gottesdienstgestalter« in den meisten Fällen nicht zugerüstet. Deswegen müssen sie unterdessen – das heißt bis die entsprechende Kompetenz schon bei der Auswahl derer, die im Namen der Kirche Liturgie vollziehen müssen, zum Kriterium erhoben und weiter ausgebildet wird –, Textunterlagen zur Verfügung haben.

Anwendungsbereiche

Interessant wird natürlich die Anwendung dieser grundsätzlichen Bemerkungen auf konkrete Beispiele. Seit Jahren vollziehe ich zusammen mit Mitarbeiterinnen und Mitarbeitern den genannten Deutehorizont in Eucharistiefeiern und andern Gottesdiensten, nicht zuletzt auch in vielen »gesetzesfreien Räumen«: Wasser-, Salbungs-, Licht-, Stein-, Baum- und Olivenrituale und vieles mehr. Nichts gibt es in der weiten Schöpfung, was nicht dem alltäglichen Gebrauch und den vordergründigen Bedeutungen entrissen und in den Deutehorizont des sich zuwendenden Gottes gehoben werden kann. Auf diese Weise entstehen Gottesdienste, die lange in der Erinnerung der Teilnehmer/Teilnehmerinnen haften bleiben.
Die Aufgabe, die mir hier gestellt ist, bezieht sich auf »lebensgeschichtlich bedeutsame Zäsuren«. Traditionell sind das: Geburt (Taufe), Erwachsenwerden (Firmung), Ehe, kirchliche Dienstbeauftragung, Ordensprofess, Krankheit und Tod (Krankensalbung und Beerdigung). Für die meisten dieser Zäsuren gibt es in meinem mehrfach genannten Gebetbuch Kurztexte oder gar Ritualien. Für die Geburt beziehungsweise die Taufe steht da unter dem Titel

»Die Feier des Lebens« ein Ritual, dessen Hintergrund die Abtreibungsproblematik ist: ein Kind, das im alkoholisierten Zustand gezeugt wurde und angesichts bereits mehrerer abormaler Geschwister hätte abgetrieben werden sollen, wurde nach einer wohlwollenden Beratung zur Welt und zur Taufe gebracht. Dies ist der verwendeten Sprache deutlich anzumerken.

Die genannten Zäsuren sind gewiss die wesentlichen Einbrüche beziehungsweise Aufbrüche innerhalb einer menschlichen Biographie. Doch gäbe es heute eine ganze Reihe von Zäsuren, die ebenso wichtig wären, aber – wenigstens kirchenoffiziell – ohne entsprechende Liturgien geblieben sind: der Beginn einer Schwangerschaft, der Berufswechsel, die Wiederaufnahme der Arbeit durch die Frau beziehungsweise nach langer Arbeitslosigkeit, der Einstieg in den Hausmannsberuf, der Beginn einer Wohngemeinschaft, die Scheidung, das Wiederaufnehmen einer verbindlichen Beziehung nach dem Scheitern einer Ehe, die Menopause, der Beginn des Alters, der Eintritt ins Altersheim… Hier ergäben sich unbegrenzte Möglichkeiten für die pastoralliturgische Begleitung von Menschen.

Wenn ich mich nun trotzdem Gebeten und Ritualien für die Begleitung des schwerkranken und todgeweihten Menschen zuwende, so darum, weil ich von den unterschiedlichsten Menschen diesbezüglich schon oft und erst vor kurzem wieder angegangen wurde. An sich sollten hier mehrere Stufen dieser Begleitung nacheinander einen sprachlich-rituellen Ausdruck finden. Ich muss mich aber wegen des begrenzten Raumes auf die Krankensalbung beschränken.

Die Krankensalbung

Das Salbungsritual setzt voraus, dass der tödliche Ausgang der Krankheit noch nicht feststeht und der Kranke bei Bewusstsein ist und den Gottesdienst mitvollziehen kann und will. Es kann auch verwendet werden bei der inzwischen häufig gewordenen Spendung des Sakramentes für ganze Gruppen älterer Menschen in Pfarreien und Altenheimen. Schön wäre es, wenn das Ritual auch im Einzelfall im Beisein der Angehörigen, Freunde und – so weit möglich! – auch des Pflegepersonals vollzogen würde. Wichtig ist für mich auch, dass die Segnung des Öls innerhalb des Rituals vorgenommen wird. Denn nur so wird eine volle Deutung des Rituals für die Kranken deutlich. Die Rückverlagerung der Ölweihe auf den Hohen (Grün-)Donnerstag beziehungsweise das bischöfliche Handeln ist aus verschiedenen Gründen nicht mehr nachvollziehbar. Vor allem haben ja die Kranken keine Ahnung, was über dieses Öl gesprochen wurde. Oft ist es zudem ranzig und darum bei der Anwendung alles andere als ein Heilszeichen. Ob eines der vielen Duftöle, die heute überall zu haben sind, nicht besser die Bedeutung von Heil und Heilung annehmen könnte?

(Siehe die Hochgebete zur Krankensalbung und das Krankensalbungsritual, S. 221-229.)

Freies, spontanes und geformtes Beten in ihrer gegenseitigen Ergänzung

Bevor von gegenseitiger Ergänzung gesprochen werden kann, müssen selbstverständlich die im Titel genannten Gebetsformen voneinander abgegrenzt beziehungsweise »definiert« werden.

Abgrenzungen

Das »geformte« besser: »textlich gebundene« Gebet

Das »geformte Gebet« ist jenes Gebet, das eine Gebetstextvorlage wortwörtlich zitiert: das Vaterunser, die Psalmen, das Brevier, das Messformular, irgendein Text aus der Tradition oder eines modernen Autors. Freilich ist es, wie die Erfahrung zeigt, nicht überflüssig, zu bemerken, dass auch das Textgebet ein sprachlicher Ausdruck ist, ein kreativer Akt, der der Freiheit und der personalen Hingabe entspringt. Ein Text wird nur durch die innere Stimme, nur durch den aufmerksamen Vollzug des Herzens zum Gebet, nur durch ganzheitliche Hin-Gabe. Nicht das bloße Rezitieren ist es, was das Gebet ausmacht. Ich erinnere an den Spruch, der im Kirchlein San Damiano bei Assisi das Chorgestühl ziert: Non vox sed votum, non cordula sed cor, non clamor sed amor... Nicht der Stimme, sondern die stimmige Hingabe, nicht das Schlagen der Saite, sondern das lebendige Schlagen des Herzens, nicht Lautstärke, sondern Herzensstärke macht das Gebet zum Gebet.

Mit anderen Worten: Der Text ist nur das Vordergründige und bleibt Fassade, Maske, Firlefanz, wenn er nicht von den unendlichen Tiefen des Schweigens und des liebenden Herzens getragen ist. Leider sind die offiziellen Gottesdienste, die Messen und Stundengebete, oft ohne Geist, ohne pneumatische Tragkraft, ohne Tiefe und darum Geschwätz, Gerede, schmerzender Lärm für den, der das Gebet sucht. Immer wieder sagen mir Frauen und Männer, wie unmöglich es ihnen ist, am Stundengebet teilzunehmen, bei dem einfach Gebetstexte aneinander gereiht werden.

Das »freie Gebet«

Unter »freiem Gebet« ist dagegen ein Gebet zu verstehen, das sich nicht an Textvorlagen gebunden weiß. Dabei möchte ich aber ausdrücklich betonen, dass ein solches Gebet nicht notwendig ungebunden zu sein braucht. Ich vertrete gerade auch für gottesdienstliche Zwecke eine Gebetsform, die sich innerhalb gewisser Strukturvorgaben frei bewegt. Um zu verdeutlichen, was ich darunter verstehe, sei ein Vergleich erlaubt: Die Stickerin setzt ihre Farben und Formen, das Gestickte nicht in einen absolut freien Raum, sondern auf einen vorgegebenen Stoff, den »Stramin«, der die Struktur vorgibt. Der »Stramin« des freien Gebetes sind traditionelle oder auch neuere, von der Gebetsgemeinschaft akzeptierte Strukurelemente. Hinter einem Tagesgebet, einem Hochgebet, einem »allgemeinen Gebet« und so weiter steht eine formale und inhaltliche Tiefenstruktur, die dem freien Beter Bewegungsfreiheit und Sicherheit verleiht. Ein solches Gebet kommt dem »spontanen Gebet« sehr nahe, doch wahrt es wegen der Rückgebundenheit an die Tiefenstrukturen eine große Identifikationsmöglichkeit und bietet eine breite Akzeptanz an. Als Beispiele für den kreativen Umgang mit Gebetsstrukturen nenne ich meine Vaterunsertexte, meine »Hochgebete« (siehe S. 183ff), meine Cardenalimitation (Gott, der mich atmen lässt, 28) und viele andere Texte. Es handelt sich dabei fast durchwegs um nachträglich schriftlich fixierte Texte, ursprünglich sind es in einer ganz bestimmten Situation frei formulierte Gebete gewesen. Inzwischen ist mir das freie Gebet in diesem Sinn zur Regel geworden, nicht nur in Gruppengottesdiensten, sondern auch in Gemeindegottesdiensten.

Beim freien Formulieren ist auf jeden Fall zu beachten: Gebet ist Ausdruck der Grundbefindlichkeit des Menschen und darum immer auf das Geheimnis Gottes hin gesprochen. Sobald es belehrt, erklärt, moralisiert, vereinnahmt, also mehr die Mitmenschen anspricht…, entfernt es sich von seinem Wesen. Das Gebet ist jedoch dem Rufen und Schreien näher als dem Satz, dem Schweigen und Hören näher als dem Reden!

Das »spontane Gebet«

Das »spontane Gebet« ist völlig vom Augenblick bestimmt, den der Beter lebt beziehungsweise erlebt. Möglicherweise ist er so vom augenblicklichen Erleben überwältigt, dass er sich weder bewusst noch unbewusst an formale oder gar inhaltliche Vorgaben hält. Sehr eindrücklich ist der spontane Gebetsausdruck des jungen Priesters Greg im Film »The Priest«. Von der Ohnmacht, zu der er durch das Beichtgeheimnis verurteilt ist, überwältigt, schimpft, flucht, bittet, fleht, schreit er die ganze Gefühlspalette durch, die ihm zur Verfügung steht. Selbstverständlich ist das »spontane Gebet« nicht immer so ekstatisch, so aus allen Formen und Gewohnheiten heraustretend. Hoffentlich gibt es auch außerhalb des Außersichseins solche Momente des betenden Beisichseins. Auf jeden Fall lebt das spontane Gebet aus der momentanen Befindlichkeit.

Anwendungsbereiche

Aus diesen Abgrenzungen dürfte sich von selbst ergeben, dass man die verschiedenen Gebetsformen nicht gegeneinander ausspielen darf. Jede hat ihre Stunde und ihren Ort.

Biographische Bedingtheit

Von Bedeutung ist die Biographie eines Menschen. Hier darf und soll das Gebet so oft und so lange wie möglich möglichst persönlich, also frei und spontan sein. Doch dürfte es sich von selbst verstehen, dass eine Biographie nicht immer bestimmt ist durch die Muse der Kreativität und durch das Überwältigtsein des Augenblicks.

In den Anfangsphasen des Glaubens, aber auch in Stunden des Alltags, der Routine, der Trockenheit, der Leere muss man sich an Gebete anlehnen können. Sie haben die Funktion des Spazierstockes, der wichtig ist, wenn man (wieder) gehen lernen will oder wenn man schwach geworden ist. Sie können einen Sog auslösen, dem der Glaubende sich gerne überlässt, um dann, hoffentlich, eigene Worte zu finden oder wortlos und schweigend sich ganz anheimgeben zu können.

In den Stunden des Altwerdens, wo die Konzentrationsfähigkeit immer mehr abnimmt, oder des Sterbens, wo Leiden und Schmerz alle Kraft absorbieren, reicht es vielleicht noch zu einem kurzen Aufschwung oder Aufschrei, aber nicht mehr zu einem länger dauernden Akt der Kreativität. Und auch der Gebetsbegleiter, der am Bett steht, muss, soll der Kranke nicht bloß hörend mitbeten, neben kurzen spontanen und freien Gebetsäußerungen vor allem auch geformte, dem Patienten bekannte Gebete vortragen. Die Kreuzwegandacht, die er fast ein Leben lang gebetet hat, wird der Sterbende auswendig mitbeten können, auch wenn er zu anderem nicht mehr fähig ist. Und das gebundene Rosenkranzgebet mit seiner Musikalität und seinem Rhythmus führt den Patienten immer wieder in einen friedlichen Seelenzustand, wie die Erfahrung leicht zeigen könnte.
Auf der anderen Seite wäre es lächerlich, wenn der von Liebe, Licht und Leben Entzückte oder der von Leiden und Tod Geschüttelte zuerst nach einem Handbuch greifen wollte, um seinen Dank, sein Fluchen und Fragen auszudrücken. Aber auch der vom Leid Gezeichnete ist oft froh, wenn er das Unsagbare und Schreckliche mit Worten bewältigen lernt, die andere für ihn vorgeformt haben. Und der Glückliche wird immer wieder Texte finden, in denen er sich selber als Glücklichen vorfindet – auf eine Weise, wie er es selber nicht besser sagen könnte.

Das gemeinsame Beten

Beim gemeinsamen Beten stehen naturgemäß Gebetstexte, Lieder und Symbole, Riten und Gesten im Vordergrund. Doch bin ich der Überzeugung, dass diese gebundenen Formen den freien und spontanen Gebetsfluss kanalisieren sollten. Anders gesagt: Der ideale Gottesdienst kommt für mich dann zustande, wenn die Stille der Grund und Boden des Gebetes ist, die Gegenwart Gottes das bergende Dach, Texte und Symbole (der rituelle Ablauf) die Pfeiler und dazwischen viel Raum für das freie und spontane Beten. Unter der Voraussetzung, dass das spontane Beten eines einzelnen nicht beansprucht, das Beten aller zu sein, etwa durch Benützung der »Wir-Formel«, sollte eine Gebetsgemeinschaft so frei und tolerant sein, dies nicht nur zuzulassen, sondern auch zu ermöglichen. Weniger problematisch ist das freie Gebet im oben definierten Sinn. Doch ist dafür sowohl ein theologisch gesundes Denken als auch eine große Sprachkompetenz vonnöten. Ein innerlich mitvollzogenes und kommunikativ vorgetragenes »fremdes« Gebet ist immer noch besser als das »eigene« beziehungsweise »freie«, aber seichte Gerede oder die unverständlichen Satzkaskaden, die oft auf den wehrlosen Gottesdienstbesucher niederstürzen.

Schon früh zeigte sich mir die Notwendigkeit, an meiner eigenen und dann auch an der gemeinsamen Sprache zu arbeiten. Dazu gehörte immer auch die Gebetssprache. In einem besonderen Abschnitt im Literaturverzeichnis am Ende des Buches zeichne ich den Weg nach, den ich dabei gegangen bin – wenigstens so weit er sich in Veröffentlichungen niedergeschlagen hat.

Nun möchte ich die konkreten Beispiele anführen, auf die ich in den vorausgehenden Kapiteln verwiesen habe und soweit sie aus meiner eigenen »Sprachwerkstatt« stammen.

Konkretisie-rungen

Verkündigungstexte

An sich gehören Verkündigungstexte nicht zum Thema dieses Buches. Doch habe ich bei den grundsätzlichen Bemerkungen die Gebetssprache der poetischen Sprache zugeordnet, der ganz zentral auch Verkündigungstexte zu folgen haben. Als Beispiele führe ich meine Fassung des Johannesprologs und einige Gleichnisse an.

Der Johannesprolog

Das erste Kapitel dieses Buch mündet in der Aussage, dass wir in einer »verworteten« Welt leben, die wir mystisch im Gebet und ethisch in der Tat »ver-antworten«. Für diese zentrale Aussage der Bibel steht der Johannesprolog. Besonders wenn man ihn vom semitischen Horizont her versteht, vor dem er geschrieben ist, ergibt sich etwa folgende auslegende Sprachgestalt:

> Am Anfang war das Wort.
> Noch vor aller Schöpfung,
> noch vor dem Beginn,
> noch bevor etwas angefangen hat,
> ist das Wort:
> der Wille Gottes, sich zu zeigen,
> sich zu offenbaren,
> sich selbst mitzuteilen –
> dir und aller Welt.
>
> Das Wort war bei Gott
> und das Wort war Gott.
> Im Anfang war es bei Gott.
> Gott sagt sich selbst,
> drückt sich aus,
> teilt sich mit,
> ist Wort und Antwort,
> Beziehung,
> ein ewiges Gespräch,

ein großer Dialog –
noch ehe etwas war,
und auch jetzt, da du bist!

Alles ist geworden durch das Wort
und nichts wurde ohne das Wort, was geworden ist.
Jeder Stein ist Wort,
jede Blume Botschaft,
jedes Tier Mitteilung,
jeder Mensch Offenbarung,
Himmel und Erde Kundgebung,
das Universum Verlautbarung Gottes –
und wir haben Ohren, um zu lauschen.

Im Wort ist Leben,
und das Leben ist das Licht der Menschen.
Gott ist offenbar, nicht in sich verschlossen.
Sein Wort hebt ins Licht
und stößt nicht ins Dunkle.
Es ist Gnade, Huld, Zuwendung,
Liebe, Leben sonst nichts!
Und so wird lebendig und hell,
wer sich öffnet und lauscht und hinhört.

Das Licht, Jesus Christus,
leuchtet in der Finsternis,
doch die Finsternis hat es nicht erkannt.
Der Mensch verschließt sich,
schließt die Augen,
schließt sich ein in selbstgewählte Dunkelheit.

Das wahre Licht, das jeden Menschen erleuchtet,
Jesus Christus, kam in die Welt.
Er war in der Welt,
und die Welt ist durch ihn geworden.
In Jesus verdichtet und konzentriert sich,
was jeder Stein kündet,
jede Blume singt,

jedes Tier ruft,
jeder Mensch offenbart,
das ganze All erglänzen lässt:
das Wort, durch das alles erschaffen ist.

Allen, die ihn aufnahmen,
gab er Macht!
Nicht die Macht,
die Meere zu beherrschen
oder das All zu erobern
oder sich gegen andere durchzusetzen!
Sondern Macht,
Kinder Gottes zu werden,
sich als Töchter und Söhne des Wortes zu erweisen,
des Lichtes, des Lebens, der Liebe;
die Macht, zueinander in Beziehung zu treten
und mit allem geschwisterlich verbunden zu sein.

Und das Wort ist Fleisch geworden
und hat unter uns gewohnt.
Darum ist die Welt das Haus des Wortes,
der Leib seine Wohnung,
der Mensch sein Tempel.
Und wir –
wir sind Hörer,
Wirte,
Mitbewohner des Wortes.

Wir haben die Herrlichkeit des Wortes gesehen,
den göttlichen Glanz, der widerstrahlt von dem Antlitz Jesu,
das spezifische Gewicht, das ihm zukommt:
Gnade und Wahrheit und Anerkennung und Liebe.

Jesus, das menschgewordene Wort Gottes!
In ihm ist alles gesagt, was Gott sagen kann.
Mehr gibt es nicht zu sagen: Gott ist Liebe, Leben, Licht,
nichts anderes, nichts weniger!
Aus seiner Fülle haben wir alle empfangen,
Gnade über Gnade.

Gleichnisse

Im Zusammenhang meiner Vorlesungen zum Markusevangelium ist mir aufgefallen, wie sehr die Gleichnisse Jesu jene säkulare Sprache sprechen, die wir heute wieder so sehr wünschen: ein sparsamer Umgang mit ausdrücklich religiösen Begriffen ist nötig; wir müssen wieder weltlich von Gott reden lernen. Das erste Kapitel führte zur Aussage, dass unsere säkulare Welt eine solche provokativ-prophetische Rede nötig hat, um der Offenbarungsreligion im Allgemeinen und dem Christusereignis im Besonderen Raum zu schaffen.

Der enttäuschte Liebhaber

Dem Reich Gottes geschieht es wie jenem Liebhaber, der sich mit seiner Geliebten treffen wollte. Das Rendez-vous sollte, so haben sie miteinander abgemacht, nachmittags um 14.00 Uhr am Bahnhof stattfinden. Voller Erwartung stand der Liebhaber schon von 13.30 Uhr an an der verabredeten Stelle. Die Zeit verstrich, es wurde 15.00 Uhr, die Geliebte kam nicht. Und voller Traurigkeit ging er nach Hause. – Die Geliebte sagte sich: Ach, was soll ich zum Bahnhof gehen? Ich kann dem Geliebten ja überall begegnen: Am See sehe ich im blauen Wasser seine Augen, auf dem Berg spüre ich seinen Atem, und wo immer ein Mensch auf mich zukommt, kommt er.

Der verlachte Imker

Wer von euch lachte nicht über einen Imker, der seine Bienen liebt? Im Frühling wartet er voll Spannung, bis sie aus ihren Stöcken kommen. Dann schaut er ihrem Flug nach, spricht mit ihnen, lauscht ihrem emsigen Summen, singt ihnen ein Lied.
Und wenn dann die Waben voll sind vom süßen Honig, dann hält er sein Glas unter die Wabe und nimmt nur so viel, wie von selbst aus den Waben fließt. Allen andern Honig lässt er den Bienen, damit sie wohlgenährt überwintern. Und in dieser kalten Zeit fühlt er sich dem Wunder verbunden, das da im Innern des Bienenstockes geborgen ist. So spiegelt sich das Reich Gottes.

Der Weltfremde

Das Reich Gottes gleicht jenem weltfremden Mann, über den alle reden und viele sich aufregen: Aus Prinzip trägt er nur Kleider, die er sich selber geschneidert hat. Es seien alles natürliche Stoffe, sagt er, und anzusehen sind seine Hosen eher wie das Material, aus dem Kartoffelsäcke gemacht sind. Fast nie kommt er zur Zeit, beinahe immer muss man auf ihn warten.

Dafür hat er Zeit für das Spiel mit Hund und Katze, für die Umarmung eines Baumes, für das Gespräch mit einem Menschen. Er hebt sogar einen toten Schmetterling auf, legt ihn auf seine Handfläche und trägt ihn so stundenlang mit sich, bis er in eine Kirche kommt und ihn dort auf den Altar legt.

Der verliebte Schmetterling

Mit dem Reich Gottes ist es wie mit jenem Schmetterling, der über den Azoren plötzlich in Liebe entflammt. Vor lauter Entzücken schlägt er heftig mit seinen Flügeln, so dass die Luft erzittert. Ein paar Tage später bricht über der Innerschweiz ein besonders heftiger Föhn aus. Die Wellen des Sees gehen hoch, es pfeift und singt an allen Ecken, da kracht ein Baum, dort werden Ziegel vom Dach geworfen – und allen ist es eigenartig zumute.

Karla Tucker (1998 hingerichtet)

Das Reich Gottes ist vergleichbar mit der Frau, die im Blutrausch mehrere Menschen auf schreckliche Weise umgebracht hat. Allmählich wandelt sich ihr Herz unter der liebenden Obhut eines Menschen. Sie weiß um ihre Schuld und weiß, dass ihr vergeben ist. Sie bittet um Vergebung, man verweigert sie ihr. Sie wird von einer unbarmherzigen Gesellschaft getötet – ganz legal. Sie aber schaut ihren Mördern ins Auge und sagt: Gott, vergib ihnen, denn sie wissen nicht, was sie tun.

Der Hund

Womit kann man das Reich Gottes vergleichen? Es ist wie ein Hund. Man tritt ihm auf den Schwanz, er jault und leckt einem gleich wieder die Hand. Er sucht Nähe, auch wenn man alles andere als Liebe ihm Herzen hat. Er bellt, hüpft und tanzt vor Freude, wenn man nach Hause kommt. Er legt sich zu einem, wenn man müde oder gar krank ist. Und er bleibt da, auch dann, wenn man stirbt.

Psalmen

Die poetische Gestalt der Psalmen umschließt Gebete, Verkündigungstexte, liturgische Rollenspiele und vieles andere. Eine Auseinandersetzung mit dieser literarischen Gattung würde uns bei der Schaffung neuer Texte sehr viel helfen. In meinen Ausführungen kamen die Psalmen in dreifacher Hinsicht zu Wort. Einmal dienten sie mir zur Herausstellung dessen, was unter einem Gebet zu verstehen ist. Zum andern wollte ich an ihnen aufzeigen, wie die biblische Art, Gott zu benennen, heute aktualisiert werden könnte. Und schließlich wollte ich an ihnen aufzeigen, wie eine Krisensprache aussehen könnte. In allen Fällen handelt es sich um eine sprachliche Verheutigung, welche auch die Kulturunterschiede aufzuheben versucht.

Psalm 1: Baum oder Spreu – das ist hier die Frage!

Gut ist es für den Menschen,
wenn er sich nicht ein X für ein U vormachen lässt,
sondern sein Urteil selber bildet,

wenn er nicht ausgetretene Pfade geht,
sondern es wagt, seinen ganz persönlichen Weg zu gehen,

wenn er nicht mit den Wölfen heult,
sondern sich immer wieder in die Einsamkeit zurückzieht.

Ja, gut ist es für den Menschen,
das Wort Gottes
zu hören und in den eigenen Mund zu nehmen,
zergehen zu lassen wie ein Stück Schokolade
und tagelang zu verkosten.

Ein solcher Mensch ist ein Baum,
der fest da steht
tief im Boden verwurzelt,

nahe am sprudelnden Bach,
voll von grünen und saftigen Blättern
und voll von köstlichen Früchten.

Der oberflächliche Mensch
jedoch ist Spreu,
nirgendwo verankert,
jedem Windhauch ausgesetzt,
bald einmal verweht,
vergangen, verloren, vergessen.
Keiner fragt nach ihm,
niemand vermisst ihn.
Heute schon ist er tot.
Und nie wird er leben.

Baum oder Spreu? – das ist die Frage!

Psalm 3: Gebet in der Not

,
bedrängt bin ich und umstellt,
in die Enge getrieben,
allein!
So viele stehen nicht zu mir,
sind gegen mich.
Viele sagen gar, Du hättest mich im Stich gelassen
und würdest mich hängen lassen.

Du aber, , bist
der Schild, der mich schützt,
die Hoffnung, die mir bleibt.
Du bist es, der mich ehrt
und der mich aufrichtet.

Ich weiß es:
Du hast
ein Ohr für meinen Schrei,
ein Herz, das mir offen steht,
ein Gesicht, das mir zugewandt ist.
Ich kann
mich vertrauensvoll
ins Bett legen und schlafen.
Ich kann
aufwachen und den Tag erleben.
Denn Du umgibst mich mit deiner schützenden Hand.

So rufe ich jetzt zu Dir:

, wach auf!
Steh auf!
Hilf mir!

Denn Du bist doch
Hilfe und Kraft!
Dein Segen komme auf Dein Volk!

Psalm 6: Gebet in Todesnot

Meine Übertragung	Historischer Psalm
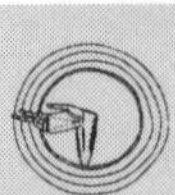 Verstrickt bin ich in das Böse, in Not und Tod. Ich weiß, dass ich zum Teil selber schuld daran bin. Denn vieles ist die Frucht meiner eigenen Taten,	1 Ein Bußgebet in Todesnot [Für den Chormeister. Mit Saitenspiel nach der Achten. Ein Psalm Davids.] 2 Herr, strafe mich nicht in deinem Zorn, und züchtige mich nicht in deinem Grimm! 3 Sei mir gnädig, Herr, ich sie- che dahin; heile mich, Herr, denn meine Glieder zerfallen!

von Verfehlungen und Unterlassungen.

So sieche ich dahin,
mein Leib ist zu Tode erschrocken,
meine Seele verstört,
mein Geist wirr,
und jeden Morgen ist mein Bett nass
von Tränen und Schweiß.

,

Du bist ein gnädiger Gott,
Du zerschlägst den Zusammenhang von Ursache und Wirkung.
Du willst nicht, dass wir an den Folgen unseres Tuns sterben.
Du vergibst und ermöglichst Zukunft.
Du erhebst und rettest.
Du willst, dass wir leben in der Gemeinschaft mit Dir.
So lass mich doch Deine Hilfe erfahren,
Deine Vergebung,
Deine Nähe,
Deine Kraft, die Angst und Tod überwindet.
So werde ich als Auferstandene/r, als Auferweckte/r leben.

Alle Todverfallenheit wird fallen!
Alle Schwäche wird schwach!

4 Meine Seele ist tief verstört.
Du aber, Herr, wie lange
säumst du noch?
5 Herr, wende dich mir zu und
errette mich, in deiner Huld
bring mir Hilfe!
6 Denn bei den Toten denkt
niemand mehr an dich. Wer
wird dich in der Unterwelt
noch preisen?
7 Ich bin erschöpft vom
Seufzen, jede Nacht benetzen
Ströme von Tränen mein Bett,
ich überschwemme mein Lager
mit Tränen.
8 Mein Auge ist getrübt vor
Kummer, ich bin gealtert
wegen all meiner Gegner.
9 Weicht zurück von mir, all
ihr Frevler; denn der Herr hat
mein lautes Weinen gehört.
10 Gehört hat der Herr mein
Flehen, der Herr nimmt mein
Beten an.
11 In Schmach und Verstörung geraten all meine
Feinde, sie müssen weichen
und gehen plötzlich zugrunde.

Aller Kleinglaube wird Groß- glaube! Alle Verstörung zerstört und alle Schmach geschmäht.	

Für das neutestamentliche Beten sei auf Mk 15,29-39 verwiesen.

Psalm 22: Kreuz und Auferstehung

Ein besonders eindrückliches Beispiel biblischer Krisensprache ist Psalm 22. Das frühe Christentum hat die Kreuzigung Jesu nicht nur als ein Scheitern ihres Rabbis erlebt, sondern auch als eigenes Scheitern, wie das Markusevangelium eindrücklich bezeugt. Als die Jüngerinnen und Jünger jedoch wider Erwarten erfahren durften, dass der Gekreuzigte lebt, haben sie diesen Psalm auf die Lippen Jesu gelegt. In meiner Übertragung bezeugt der zweite Teil (B) das Auferstehungsereignis, der erste Teil (A) jedoch bringt die ganze Härte der Krise zum Ausdruck.

Meine Übertragung	Historischer Psalm
A Mein  , Warum? Warum bist Du nicht da? Warum hast Du mich im Stich gelassen? Ich greife nach Dir – aber ich greife ins Leere. Ich schreie nach Dir doch der Schrei prallt ab wie an einem Felsen. Ich rufe am Tag – keine Antwort!	1 [Für den Chormeister. Nach der Weise »Hinde der Morgenröte«. Ein Psalm Davids.] 2 Mein Gott, mein Gott, warum hast du mich verlassen, bist fern meinem Schreien, den Worten meiner Klage? 3 Mein Gott, ich rufe bei Tag, doch du gibst keine Antwort; ich rufe bei Nacht und finde doch keine Ruhe.

Ich rufe in der Nacht –
nichts!
Ich laufe –
und komme nicht zur Ruhe.
Dennoch:
Heilig bist Du,
Du bist da,
wo man Dich anerkennt und
besingt.
Unsere Vorfahren haben ihr
Vertrauen auf dich gesetzt –
Du hast sie gerettet.
Sie haben gebetet –
und Du hast sie erhört.

4 Aber du bist heilig, du
thronst über dem Lobpreis
Israels.
5 Dir haben unsre Väter ver-
traut, sie haben vertraut und
du hast sie gerettet.
6 Zu dir riefen sie und wurden
befreit, dir vertrauten sie und
wurden nicht zuschanden.

Ich aber bin ein Wurm –
kein Mensch.
Verspottet, verachtet,
verlacht und verhöhnt.
Sie meinen:
»Wälz doch deine Last auf Gott!
Er wird dir schon helfen!
Er wird dich schon aus dem
Dreck reißen –
vorausgesetzt Du findest sein
Gefallen.«

7 Ich aber bin ein Wurm und
kein Mensch, der Leute Spott,
vom Volk verachtet.
8 Alle, die mich sehen, ver-
lachen mich, verziehen die
Lippen, schütteln den Kopf:
9 »Er wälze die Last auf den
Herrn, der soll ihn befreien!
Der reiße ihn heraus, wenn er
an ihm Gefallen hat.«

Du bist es, der mir das Leben
gab.
Und wenn meine Mutter mich
stillte und liebkoste,
so war es doch eigentlich deine
Mütterlichkeit, die mich ans
Herz drückte.
Geworfen bin ich seit jeher,
nicht ins Nichts,
nein,
auf Dich.

10 Du bist es, der mich aus
dem Schoß meiner Mutter zog,
mich barg an der Brust der
Mutter.
11 Von Geburt an bin ich ge-
worfen auf dich, vom Mutter-
leib an bist du mein Gott.

Du trägst mich. So lass mich doch jetzt nicht allein! Stütz mich! Hilf mir! Jetzt, in der Not!	 12 Sei mir nicht fern, denn die Not ist nahe und niemand ist da, der hilft.
Ich stehe vor dem Nichts, dem Abgrund, der mich verschlingt. Ich sehe nur noch fletschende Zähne und reißende Wölfe. Mein Leben – hingeschüttetes Wasser! Meine Glieder – in alle Himmelsrichtungen zerstreut! Mein Herz – zerfließendes Wachs! Meine Kehle – eine Glasscherbe! Die Zunge – festgeklebt! Ich – im Staub! Vor mir das Grinsen des Todes!	13 Viele Stiere umgeben mich, Büffel von Baschan umringen mich. 14 Sie sperren gegen mich ihren Rachen auf, reißende, brüllende Löwen. 15 Ich bin hingeschüttet wie Wasser, gelöst haben sich all meine Glieder. Mein Herz ist in meinem Leib wie Wachs zerflossen. 16 Meine Kehle ist trocken wie eine Scherbe, die Zunge klebt mir am Gaumen, du legst mich in den Staub des Todes.
Menschen – eine lauernde Meute von Hunden! Das zusammengerottete Böse! Sie durchstechen Hand und Fuß, Mark und Bein.	17 Viele Hunde umlagern mich, eine Rotte von Bösen umkreist mich. Sie durchbohren mir Hände und Füße. 18 Man kann all meine Knochen zählen; sie gaffen und weiden sich an mir.
Sie wollen selbst mein Hemd noch und würfeln um mein Gewand.	19 Sie verteilen unter sich meine Kleider und werfen das Los um mein Gewand.
Du aber, 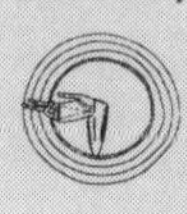	20 Du aber, Herr, halte dich nicht fern! Du, meine Stärke, eil mir zu Hilfe!

misch dich ein, hilf mir! Reiß mich heraus aus Lebensgefahr, aus der Gewalt des Bösen! Rette mich vor den fletschenden Zähnen. Sei auf der Seite des Armen!	21 Entreiße mein Leben dem Schwert, mein einziges Gut aus der Gewalt der Hunde! 22 Rette mich vor dem Rachen des Löwen, vor den Hörnern der Büffel rette mich Armen!
B Ich will Dich bezeugen, Dich besingen unter den Menschen.	23 Ich will deinen Namen mei- nen Brüdern verkünden, inmit- ten der Gemeinde dich preisen.
Ihr alle, die ihr an Gott glaubt, besingt ihn! Ihr alle, die ihr euch als Volk Gottes versteht, werft ihm euren Jubel entgegen! Ihr Söhne und Töchter Gottes, springt und tanzt zu seinem Lob!	24 Die ihr den Herrn fürchtet, preist ihn, ihr alle vom Stamm Jakobs, rühmt ihn; erschauert alle vor ihm, ihr Nachkommen Israels!
Denn Gott ist ein Gott der Schwachen und Armen. Er zeigt sich, er hört den Schrei. Er hilft!	25 Denn er hat nicht verachtet, nicht verabscheut das Elend des Armen. Er verbirgt sein Gesicht nicht vor ihm; er hat auf sein Schreien gehört.
In der Gemeinschaft der Glaubenden besinge ich Dich! Bei einem großen Fest will ich Dich bezeugen.	26 Deine Treue preise ich in großer Gemeinde; ich erfülle meine Gelübde vor denen, die Gott fürchten.
Ihr Armen, esst, trinkt – werdet satt!	27 Die Armen sollen essen und sich sättigen; den Herrn

Ihr, die ihr Gott sucht –
besingt ihn!
Lebt auf!
Seid guten Muts!
Die ganze Welt soll wissen:
Gott ist da!
Alle Völker sollen sich ihm zuwenden!
Das Universum soll ihn anbeten!

Denn Gott ist da!
Seine Liebe ist mächtiger als
die Mächte des Todes!
Alle, die Macht haben, sollen
sich beugen.
Alle, die Gewalt ausüben,
sollen sich niederwerfen!

In aller Zukunft
wird man Gott bezeugen!
Er ist da!
Denn er war da,
als er mich heil gemacht hat.

sollen preisen, die ihn suchen.
Aufleben soll euer Herz für
immer.
28 Alle Enden der Erde sollen
daran denken und werden
umkehren zum Herrn: Vor ihm
werfen sich alle Stämme der
Völker nieder.
29 Denn der Herr regiert als
König; er herrscht über die
Völker.
30 Vor ihm allein sollen niederfallen die Mächtigen der
Erde, vor ihm sich alle niederwerfen, die in der Erde ruhen.
[Meine Seele, sie lebt für ihn;
31 mein Stamm wird ihm dienen.] Vom Herrn wird man dem
künftigen Geschlecht erzählen,
32 seine Heilstat verkündet
man dem kommenden Volk;
denn er hat das Werk getan.

Der in der Einführung erwähnte neutestamentliche Bezug: Mt 27.

Psalm 111: Nie endender Lobpreis

Halleluja! Gelobt sei Gott!
Ja, Gott preisen
will ich
leise und still.

Ganz innen in mir
und kraftvoll und laut

mit allen, die ihre Hoffnung auf Gott setzen
und seine Gemeinde sind.

Groß ist Gott
in seinen Geschöpfen,
kostbar für alle,
die sich freuen an ihnen.

Er wirkt in allem:
Wie schön und wie herrlich!
Gerecht will er sein
für alle
und für immer!

Er hat uns Ostern geschenkt,
das Fest der Freiheit und des Lebens!

Erinnern will er uns
an das Wunder, das er gewirkt hat und immer noch wirkt:
Er hat uns befreit, er wird uns befreien,
er befreit,
gnädig ist er und barmherzig.

Wir dürfen das Brot teilen, das er uns gibt.
Gottes Verbündete sind wir – für immer und ewig!
Er beschenkt uns seit jeher mit der Fülle seines Lebens
und alle Völker werden daran teilhaben.

Was Gott tut – das ist gerecht!
Was er gibt – das ist beständig!
Gott ist verlässlich!
Gottes Weisung und Wort gelten immer und ewig.
Er schenkt Erlösung.
Er verbindet sich mit uns zu einem ewigen Bund.
Heilig ist er.
Das Gespür für die Heiligkeit Gottes ist der Anfang der Weisheit.
Alle, die nach ihr leben, sind klug.

Der Lobpreis Gottes hat kein Ende.

Texte zur Eucharistiefeier

Die Eucharistiefeier ist die mystische Mitte der Kirche. Gerade wegen dieser zentralen Bedeutung kommt der dabei verwendeten Sprache besondere Bedeutung zu. Wenn die auf den Seiten 78ff erörterten Kriterien und Bemerkungen zur Anwendung kommen, ergeben sich etwa folgende Ausdrucksmöglichkeiten.

Das Kyrie

Vorschlag 1: prophetisch-politisch

Ein Sprecher/eine Sprecherin (= S) »proklamiert« das widerständige Lied K. Martis (KG 444); nach jeder Strophe hält S inne, um nach einer Stille zu rufen oder zu singen:

- Traditionell: S: »Herr, erbarme dich!« – Alle (= A) antworten: »Herr, erbarme dich!«
- Anders: S: »Auferstandener, Lebendiger – gegenwärtig hier bei uns, wir grüßen dich!« – A: »Du bist wahrhaft auferstanden, wir grüßen dich!«

1

Das könnte den Herren der Welt ja so passen,
wenn erst nach dem Tode Gerechtigkeit käme;
erst dann die Herrschaft der Herren,
erst dann die Knechtschaft der Knechte
vergessen wäre für immer,
vergessen wäre für immer.

2

Das könnte den Herren der Welt ja so passen,
wenn hier auf der Erde stets alles so bliebe;
wenn hier die Herrschaft der Herren,
wenn hier die Knechtschaft der Knechte
so weiter ginge wie immer,
so weiter ginge wie immer.

3
Doch ist der Befreier vom Tod auferstanden,
ist schon auferstanden und ruft uns jetzt alle
zur Auferstehung auf Erden,
zum Aufstand gegen die Herren,
die mit dem Tod uns regieren,
die mit dem Tod uns regieren.

Vorschlag 2: meditativ

S nimmt einige Satz- oder Wortfragmente des vorausgegangenen Liedes auf und spricht sie in die Stille hinein, etwa aus dem Gebetslied von G. Schmid (KG 193), einem Autor, dem das neue Kirchengesangbuch der Schweiz einige sehr gute poetisch-mystische Texte verdankt. Dieses Gebetslied lebt ganz aus der biblisch-johanneischen Sprachwelt. Da es bereits ein Begrüßungslied ist, braucht es eigentlich den rituellen Gruß nicht mehr. Hingegen ist es sinnvoll, das mystische Lied nicht einfach herunterzusingen, sondern nach jeder Strophe innezuhalten. Dies ist ein sehr meditativer Vorschlag und braucht entsprechend Zeit, wenn man alle Strophen nimmt. Aber selbstverständlich kann man auch auswählen.

1
Du bist das Licht der Welt.
Die Nacht zerrinnt.
Der Tag, der dir gefällt,
dein Tag beginnt.
Wer sich im Dunkeln quält,
blüht auf im Licht.
Und wer noch irrt und fehlt,
dem fehlst Du nicht.
Stille
S: Dein Tag beginnt / A: Dein Tag beginnt
Stille
S: Wer sich quält, blüht auf im Licht / A: Wer sich quält,
blüht auf im Licht
Stille

S: Wer irrt, dem fehlst Du nicht / A: Wer irrt, dem fehlst du nicht!

Stille

2

Du bist der Weg für mich.
Du führst ans Ziel.
Ich suchte ohne dich
und fand nicht viel.
Angst und Verwegenheit
spielten mit mir.
Nun find ich Ewigkeit,
Frieden in dir.

Stille

S: Du führst ans Ziel / A: Du führst ans Ziel

Stille

S: Nun find ich Ewigkeit / A: Nun find ich Ewigkeit

Stille

S: Frieden in dir / A: Frieden in dir

Stille

3

Du bist der Weinstock,
den Ranke umhüllt.
Ich kann mich nicht verstehn
ohne dein Bild:
Ranke aus gutem Grund,
Leben aus dir,
Liebe aus Liebe
und Leben in mir.

Stille

S: Leben aus Dir / A: Leben aus dir

Stille

S: Liebe aus Liebe / A: Liebe aus Liebe

Stille

S: Leben in mir / A: Leben in mir

Stille

4
Du bist der gute Hirt,
kennst jeden Strauch.
Und wer durch Dornen irrt,
den kennst du auch.
Du weißt, wo Wasser quillt
aus Staub und Stein.
Mein Durst blieb ungestillt,
blieb ich allein.
Stille
S: Du guter Hirt / A: Du guter Hirt
Stille
S: Du kennst jeden Strauch / A: Du kennst jeden Strauch
Stille
S: Du weißt, wo Wasser quillt / A: Du weißt, wo Wasser quillt
Stille

5
Du bist wie Brot und Wein.
Was mich ernährt,
ist nicht nur Spiel und Schein,
träumend gewährt.
Du bist, was mir erlaubt
aufrecht zu gehn
und, wo ich's nie geglaubt,
Wege zu sehn.
Stille
S: Brot und Wein / A: Brot und Wein
Stille
S: Aufrecht gehn / A: Aufrecht gehn
Stille
S: Wege sehn / A: Wege sehn
Stille

6
Du bist, was ewig wirkt,
und bist wie wir.
Was sich in uns verbirgt,

zeigt sich in dir.
Liebe, in dir enthüllt,
führt unsern Schritt.
Du sprichst vom Geist erfüllt.
Wir singen mit.

Stille

S: Was sich in uns verbirgt, zeigt sich in dir / A: Was sich in uns verbirgt, zeigt sich in dir

Stille

S: Liebe wird in dir enthüllt / A: Liebe wird in dir enthüllt

Stille

S: Du sprichst vom Geist erfüllt / A: Du sprichst vom Geist erfüllt

Stille

Vorschlag 3: Verbindung von Kyrie-Lied und Tagesgebet

Das Lied »Meine engen Grenzen« von Eugen Eckert (KG 68) etwa, lässt sich sehr gut zu einem mystisch dichten Tagesgebet ausweiten.

Meine engen Grenzen,
meine kurze Sicht,
bringe ich vor dich.
Wandle sie in Weite;
Herr, erbarme dich.

Meine ganze Ohnmacht,
was mich beugt und lähmt,
bringe ich vor dich.
Wandle sie in Stärke;
Herr, erbarme dich.

Mein verlornes Zutraun,
meine Ängstlichkeit,
bringe ich vor dich.
Wandle sie in Wärme;
Herr, erbarme dich.

Meine tiefe Sehnsucht
nach Geborgenheit,
bringe ich vor dich.
Wandle sie in Heimat;
Herr, erbarme dich.

Priester / Beter / Beterin (= B):

Wir wollen beten:
- Gott - (jeder Gedankenstrich stellt einen Atemzug dar!)
- Weite -
- Stärke -
- Wärme -
- Heimat -
Wandle uns!
Das erbitten wir durch Jesus, deinen geliebten Sohn,
der mit dir lebt und wirkt in alle Ewigkeit.

Vorschlag 4: »Herr«, verbalisiert
Man kann die Anrede »Herr« auch verbalisieren, vielleicht etwa so:
S: Auferstandener
Bruder, Freund
In dir grüßen wir das Leben,
das uns erfüllt
Christus, dir sind wir zugewandt - A: Wir sind dir zugewandt

S: Auferstandener
Bruder, Freund
In dir grüßen wir die Liebe,
die uns umarmt
Christus, dir sind wir zugewandt - A: Wir sind dir zugewandt

S: Auferstandener
Bruder, Freund
In dir grüßen wir das Licht,
das uns erleuchtet
Christus, dir sind wir zugewandt - A: Wir sind dir zugewandt

Das Gloria

Vorschlag 1: Neufassung

Meine Version	Offizielle Version
S: Gott allein genügt! Ihm alles Gewicht! Ihm alles Licht! – Und allen Menschen dieser Erde Friede und Gerechtigkeit! Der ganzen Schöpfung den Glanz aller Farben Gottes!	S: Ehre sei Gott in der Höhe und Friede auf Erden den Menschen seiner Gnade.
A: Wir loben dich, S: wir preisen dich, A: wir beten dich an, S: wir rühmen dich und danken dir, denn groß ist deine Leuchtkraft überall in deiner Schöpfung.	A: Wir loben dich, S: wir preisen dich, A: wir beten dich an, S: wir rühmen dich und danken dir, denn groß ist deine Herrlichkeit:
A: Gott, Du bist das Licht, das den Himmel füllt, Du bist das Leben, das das All belebt. Du bist die Liebe, die die Erde entzückt.	A: Herr und Gott, König des Himmels, Gott und Vater, Herrscher über das All,
S: Gott, Du bist das innerste Geheimnis. Jesu von Nazaret, Er ist dein aufgedecktes Antlitz, Dein wahrer Sohn, einmaliger Mensch, unser Bruder und Freund.	S: Herr, eingeborener Sohn, Jesus Christus.
A: Du, Gott im Menschen,	A: Herr und Gott,

Du, Mensch in Gott,
wie ein Lamm,
sanft, geduldig, unschuldig,
und doch
wie ein Verbrecher
verfolgt, gefoltert, ans Kreuz
gehängt.
Gottes Sohn,
in dem alle Tränen sich sammeln,
alles Elend sich birgt,
jedes Leid heimfindet.

S: Um deinetwillen ist die
ganze Welt gerettet:
A: Du machst uns froh!
S: Um deinetwillen ist die
ganze Welt gerettet:
A: Hör unser Gebet;
S: Du lebst an der Seite
Gottes:
A: und unser Herz ist froh!

S: Du allein bist der, der uns
heilt,
A: Du allein das Maß, das uns
misst,
S: Du allein das Ziel, das uns
lockt:
Jesus Christus,
A: mit dem Heiligen Geist,
Gott!
Ihm alles Gewicht!
Ihm alles Licht!
Gott allein genügt!
Amen.

Lamm Gottes,
Sohn des Vaters,

S: du nimmst hinweg die
Sünde der Welt:
A: erbarme dich unser;
S: du nimmst hinweg die
Sünde der Welt:
A: nimm an unser Gebet;
S: du sitzest zur Rechten des
Vaters:
A: erbarme dich unser.

S: Denn du allein bist der
Heilige,
A: du allein der Herr,
S: du allein der Höchste:
Jesus Christus,
A: mit dem Heiligen Geist,
zur Ehre Gottes des Vaters.
Amen.

Vorschlag 2: Kurzform
Nachstehend ein kurzer Hymnus, der mit der Symbolik des Sonntags »spielt« und auf versteckte Weise das Geheimnis Jesu besingt.

Wir feiern den Tag
Den Tag der Tage
Den Tag der Sonne
Die Sonne des Tages
Die Sonne der Sonnen
Den Stern der Sterne
Das Licht vom Licht
Und das Feuer vom Feuer
Jesus Christus
In der Einheit mit Gott
Jetzt und in alle Ewigkeit.

Vorschlag 3: Motive aus dem Sonnengesang des Franz von Assisi
Vor Jahren hab ich Texte für eine Eucharistiefeier geschrieben (vgl. Ich rufe Sonne und Mond, 98ff), deren Motive aus dem Sonnengesang genommen sind. Das Kyrie, Gloria und das Tagesgebet sind zu einer Einheit verschmolzen.

Auferstandener, Lebendiger
Du bist die Sonne
und wir sind
der Mond und die Sterne –
Herr, erbarme dich

Auferstandener, Lebendiger
Du bist das flutende Licht
und wir spiegeln
Dein Licht –
Christus, erbarme dich

Auferstandener, Lebendiger
Du bist die Sonne
am Himmel des Glaubens
und wir sonnen uns

am warmen Strand der Hoffnung –
Herr, erbarme dich

Auferstandener, Lebendiger
Sonne der Sonnen
Abglanz des Vaters
Mütterliche Glut
Licht vom Licht
und Feuer vom Feuer

Die Nacht ist nicht Nacht
das Dunkle nicht dunkel
die Finsternis hell

Geh auf
dämmere
scheine
glühe
brenne
flamme und zünde
hier und jetzt

Sonne hinter allen Sonnen
Licht hinter allen Lichtern
Strahlung, die alles durchdringt
Auferstandener, Lebendiger
Christus
in der Einheit des Geistes
Gott
in alle Ewigkeit
(Siehe weiter unten die Fortsetzung unter Gabenbereitung, S. 181 und Hochgebet, S. 191)

Das Tagesgebet

Für das Tagesgebet habe ich in meinem Gebetbuch bereits zahlreiche Beispiele gegeben, sodass ich mich mit der nochmaligen kritischen Betrachtung konkreter Tagesgebete auf den S. 94ff begnügen kann.

Die Fürbitten

Form 1: Einfache Nennung

Die einfachste Form besteht darin, dass man einfach die Personen und Gruppen beziehungsweise die Anliegen nennt, für die man jetzt besonders beten möchte. Nach jeder Nennung folgt eine Stille, in der sich die Glaubensgemeinschaft bewusst mit den Genannten vor Gott verbindet:

- für das internationale Kriegsgericht in Den Haag
- für die Juden und die Araber im Nahen Osten
- für das Parlament, das die Weichen für die Genforschung stellen muss.

Diese Art der einfachen Nennung ist auch deswegen gut, weil sie gleichzeitig sehr konkret und doch ganz offen bleibt. Im letztgenannten Fall zum Beispiel bleibt Raum für Gegner und Befürworter. Auf diese Weise vermeidet man Vereinnahmung und Manipulation. – Selbstverständlich kann jede Nennung, aber unter Wahrung der nachfolgenden Stille, auch mit einem gemeinsam gebeteten oder gesungenen Gebetsruf abgeschlossen werden.

Form 2: Trennung von Information und Gebet

Oft muss die Gemeinde wissen, warum sie gerade jetzt für diese Personen oder für dieses Anliegen beten soll. Dafür könnte sich folgende Form anbieten: Man informiert zunächst in aller Kürze und fordert zum Gebet auf. Dieses aber findet in der Stille statt.

- In der kommenden Woche findet die Salzburger Hochschulwoche statt. Das diesjährige Thema ist »Spiritualität«. In der Stille beten wir um den Heiligen Geist für alle Beteiligten, für Vortragende und Hörende. –
- Wieder einmal hat sich Papst Johannes Paul II. auf eine Reise begeben. In der Stille wollen wir beten, dass der Segen Gottes über allem ruht. –

Form 3: Inhaltliche Ausgestaltung der Fürbitte

Bei dieser Form geht es darum, die Fürbitte selbst sprachlich zu gestalten. Man nennt wie bei Form 1 die Menschen, denen man das Gebet zukommen lassen will, und das, was ihnen zugesagt werden soll:

- Für die Parlamentarier, die in der kommenden Woche ein Gesetz zur Genforschung zu beraten haben:
  Dass sie die Würde des Menschen und die Ehrfurcht vor dem Leben vor Augen haben.

Normalerweise wird darauf mit »Wir bitten dich, erhöre uns« geantwortet. Nachstehend Fürbitten, die in der Fastenzeit 2001 entstanden sind, in der über das Geld und wirtschaftliche Zusammenhänge nachgedacht wurde.

Lasset uns beten:

- Für uns alle:
  Dass wir die wahren Werte erkennen.
  Dass wir frei werden, selbstlos zu geben.
- Für unsere Wirtschaft:
  Dass sie wegkommt von der Ökonomie der Geldanhäufung und Geldvermehrung.
  Dass sie hinfindet zu einer Ökonomie des Lebens.
- Für unsere Wissenschaftler:
  Dass sie sich frei machen können von der Vereinnahmung durch die wirtschaftlichen Interessen.
  Dass sie unverzweckt nach dem forschen, was dem Menschen wirklich dient.
- Für die ganze Welt:
  Dass alle Menschen teilhaben an den Gütern der Schöpfung.
  Dass sie in Frieden und Gerechtigkeit leben dürfen.

Denn Du bist ein Gott des Lebens.
Hier schon auf Erden.
Und erst recht in alle Ewigkeit.

Form 4: Fürbitte als durchgehendes Gebet

Nach einer entsprechenden Einleitung kann das Fürbittgebet auch durchgehend als Gebet gestaltet werden. Hier ein Beispiel, in dem das »Herzensgebet« Martin Gutls eingearbeitet ist:

Wort Christi, präge uns – und die ganze Kirche!
Christus, höre uns
Geduld Christi, trage uns – und alle Kranken!
Christus, höre uns
Kraft Christi, stärke uns – und alle Schwachen!
Christus, höre uns
Hände Christi, ergreift uns – und alle Hände dieser Welt!
Christus, höre uns
Freude Christi, erlöse uns – und alle, die gefangen sind!
Christus, höre uns
Atem Christi, belebe uns – und alle, die geboren sind!
Christus, höre uns
Geist Christi, erfülle uns – und alle, die sich Christen nennen!
Christus, höre uns
Liebe Christi, durchströme uns – und das ganze Universum!
Christus, höre uns

Form 5: Gebet für die anwesende Gemeinschaft

Hie und da kann die Predigt durch ein entsprechendes Gebet vertieft werden. Die einzelnen Bitten sind umgeben durch den Refrain: »Ubi caritas« (KG 418).

Gott,
wir bitten Dich
Gib uns unser täglich Brot:
Ein Wort, das aufmuntert und tröstet
Ein Lachen, das ansteckt
Einen Menschen, der zu uns hält
Und die Hoffnung, die ausgeht von Jesus von Nazaret

Refrain

Gott,
wir bitten Dich
Mach uns zum täglich Brot:
Zur Hilfe
Zum Halt

Zu Menschen, auf die Verlass ist
Und zu Zeugen der Hoffnung, die ausgeht von Jesus von Nazaret

Refrain

Gott,
wir bitten Dich
Gib uns unser täglich Brot:
Beziehungen, die tragen
Eine Gemeinschaft, die Heimat ist
Einen Raum der Gnade
Und eine Kirche, deren Hoffnung ausgeht von Jesus von Nazareth

Refrain

Gabenbereitung

Aus meiner Messe zum Sonnengesang stammt nachstehender Text zur Gabenbereitung.

Brot und Wein
hervorgegangen aus dem Schoß der Erde
und geboren aus Mühe und Schweiß
bestimmt
zum Zeichen
des geteilten, des köstlichen Lebens

Feuer, göttliches
wirf deine Flammen
auf die Erde und auf alles, was sie hervorbringt –
und Brot wird
wiedergeboren aus Geist
und Wein wird
wiedergeboren aus Feuer
und kein Tod ist mehr darin

und keine Mühe
und keine Tränen
nur geteiltes, köstliches Leben
durch Jesus Christus, unsern Herrn

Das Hochgebet

Neuformulierung des Sanctus

Textvorschlag	Offizieller Text
Heilig, heilig, heilig Gott Du stehst über allen, die Macht zu haben glauben und Gewalt anwenden. Denn erfüllt ist das Weltall von Deinem Glanz. Alle Höhen müssen sich beugen und alle Tiefen aufbrechen, um das große Lied zu singen: Groß bist Du, Jesus Christus, Gottes Sohn, Dir ist ein Name gegeben, der über allen Namen steht. Groß bist Du!	Heilig, heilig, heilig Gott, Herr aller Mächte und Gewalten. Erfüllt sind Himmel und Erde von deiner Herrlichkeit. Hosanna in der Höhe. Hochgelobt sei, der da kommt im Namen des Herrn. Hosanna in der Höhe.

Neuformulierung der Schlussdoxologie

Textvorschlag	Offizieller Text
Durch ihn und mit ihm und in ihm ist dir,	Durch ihn und mit ihm und in ihm ist dir,

Gott, barmherziger Vater, gute Mutter, in der Einheit der Liebe aller göttlicher Glanz und alle Zuwendung jetzt und in Ewigkeit.	Gott, allmächtiger Vater, in der Einheit des Heiligen Geistes alle Herrlichkeit und Ehre jetzt und in Ewigkeit!

Hochgebet: Gottes Verbündete

Nachstehendes Hochgebet habe ich erstmals 1985 (Gott, der mich atmen lässt, 110ff) veröffentlicht. Es zirkulierte freilich losgelöst von meinem Namen als »Hochgebet aus dem Erzbistum Paderborn« und wurde als solches von J. R. Kleiner (Die Botschaft heute, 9) veröffentlicht.

Gott
Wir danken Dir
für Brot und Wein
für das gute Wort, das wir hören
für jedes Zeichen der Liebe, das wir sehen
für den Keim der Hoffnung, der in uns ist
für alles Gute, Schöne und Wahre

Besonders danken wir Dir für Deinen Sohn Jesus Christus
Er ist uns Weg geworden,
Wahrheit und Leben

Darum verbinden wir uns
mit allen Heiligen im Himmel
und mit allen Geschöpfen auf der Erde
um Dich zu loben und zu preisen

Heilig, heilig, heilig ...

(Gemeindegesang)

Ja, Du bist heilig,
allmächtiger Gott
und Du willst, dass wir heilig sind

Du bist das Feuer der Liebe
und Du willst, dass es brennt in unseren Herzen

Du bist Heiliger Geist
und Du willst das Antlitz der Erde erneuern

Darum bitten wir:
Heilige unser Zusammensein
mit Deiner Gegenwart
Entzünd das Feuer Deiner Liebe in unserer Mitte
Gib uns neue Worte,
neue Taten,
ein neues Herz

Heilige dieses Brot und diesen Wein
Lass uns darin Deinen Sohn erkennen
der sich hingibt, damit wir leben

Denn in der Nacht ...

(Einsetzungsbericht)

Gott, unser Vater
wir erinnern uns Deines Sohnes mit Freude
Denn seine Worte sind immer noch neu und unerhört
Seine Taten immer noch voll Hoffnung und Kraft
Sein Sterben am Kreuz ist auch heute die Quelle des Lebens

Wir neigen uns vor Deiner allmächtigen Liebe
Gott, unser Vater
Denn Du hast Jesus nicht im Stich gelassen
Du hast ihn auferweckt
Du hast ihm ein Leben gegeben, das keinen Tod mehr kennt
Ein Leben an Deiner Seite

und hier bei uns
in Brot und Wein

Wir bitten Dich Gott, unser Vater
Lass uns teilhaben an der Herrlichkeit Deines Sohnes
an seinem Leben bei Dir
an seinem Leib und seinem Blut

Erfüll uns mit seinem Heiligen Geist
mit dem Geist der Hingabe und der Liebe
Lass uns eins werden in ihm

Gott, unser Vater
Verbind uns mit allen,
die den Namen Deines Sohnes tragen
mit unseren Pfarrgemeinden
mit der ganzen Kirche überall auf der Erde
Lass uns Deine Verbündeten sein
Dein ewiger Bund unter den Menschen

Öffne uns für alle Völker und Nationen
für jeden einzelnen Menschen
für seine Fragen und Sorgen
für seine Nöte und Leiden
Führ sie alle zusammen
in Frieden und Gerechtigkeit

Gott, unser Vater
Wir bitten Dich für die Verstorbenen
Wir wollen ihnen ein treues Andenken bewahren
über den Tod hinaus
Sei Du ihnen Licht und Leben

Lass uns die Gemeinschaft mit Deinen Heiligen erfahren
mit Maria, der Mutter Deines Sohnes
mit allen, die Deine Hoffnung lebten mit allen,
die Dir treu geblieben sind bis in den Tod
mit allen, die gekämpft haben für die Armen und Bedrängten

Lass uns mit ihnen zusammen das Leben feiern
und Dich loben und preisen
durch Christus, unseren Herrn
Durch ihn …

Hochgebet: Senfkorn Hoffnung

Dieses Hochgebet hat seinen Ursprung in der »Aktion Senfkorn«, in der sich die Pfarrgemeinden und Klostergemeinschaften von Altdorf/Schweiz mit einer Fraueninitiative in einem Elendsquartier in Cali/Kolumbien verbinden. Ich habe es veröffentlich in: CiG 38/95, 310.

Großer Gott
Vater, der uns liebt
Mutter, die uns hält

Wir danken Dir
für jedes Senfkorn in unserer Hand
für jede noch so kleine Tat, die wir tun
für jedes kleine Wort, das wir hören
für jedes Stück Hoffnung, das sich zeigt
für jeden Augenblick, in dem Deine Ewigkeit
aufleuchtet

Besonders aber danken wir Dir für Jesus
Deinen geliebten Sohn
der uns an der Hand nimmt
der sein Wort auf unsere Lippen legt
der Kraft in unsere Schritte gibt

Darum verbinden wir uns
mit allen Heiligen im Himmel
und mit allen Menschen auf der Erde.

Heilig, heilig, heilig …

Gott
Wir preisen Dich

für Deine Schöpfung
für Länder und Kontinente
für die Erde und das Weltall

Sieh
wie sehr Menschen versinken in Not und Elend
wie wenig Hoffnung wir noch haben
wie wenig Aussicht auf Gerechtigkeit
und ein menschenwürdiges Dasein

Wir bitten Dich
Zünde die Fackel der Hoffnung an
das Feuer der Liebe
das Licht des Glaubens

Gib uns und allen
das kleine Senfkorn in die Hand
den kleinen Funken ins Herz
den Anstoß, den wir brauchen

Erfüll uns
mit Deiner Gegenwart
mit Deinem Leben und Deiner Kraft
mit Deinem Heiligen Geist

Heilige
Brot und Wein
unser Beten und Singen
unser Zusammensein
damit Jesus Christus vor uns steht
der auferstandene Herr
mit seinem offenen Herzen
seinem Leib und seinem Blut

Denn am Abend...

Geheimnis des Glaubens...

Wir loben und preisen Dich
lebendiger Gott
Du überwindest den Tod
Du rufst ins Leben
Du zeugst die Hoffnung
denn Du hast Jesus auferweckt
am Dritten Tag

Und so lebt er
hier und jetzt
mitten unter uns

Verbinde uns im Heiligen Geist
Lass die Hoffnung stark werden in uns
und in allen, die Deine Kirche sind

Lass uns Zeichen setzen:
das Senfkorn sehen –
und es wird zum Baum
die Brücke schlagen –
und sie trägt
die Hand reichen –
und sie verbindet

Verbinde uns mit allen Menschen dieser Erde
(mit der Pfarrei »Christus, Herr des Lebens« in Cali)
mit allen Pfarreien und Diözesen dieser Welt
mit Johannes Paul II., dem Bischof von Rom

Gib Hoffnung
jedem Menschen
denen, die jetzt leben
allen, die gestorben sind
denen, die nach uns kommen werden

Verbind uns
mit allen Heiligen
mit Maria, der Mutter Jesu

und allen Heiligen,
die das Senfkorn Hoffnung pflanzten
damit wir Dich loben und preisen
durch Jesus Christus, durch ihn...

Hochgebet: Klara von Assisi

Erstveröffentlicht zum 750. Todesjahr der Klara von Assisi (vgl. Klara und Franziskus, 104)

Großer Gott,
wir danken Dir für das,
was Du uns von Dir zeigst,
für Jesus Christus,
diesen großartigen Menschen, der Dein Sohn ist.

In ihm spiegelt sich
Deine unaussprechliche Liebe zu uns Menschen,
die erstaunliche Demut, mit der Du Dich klein machst,
die erschütternde Armut, mit der Du Dich mit allen Armen verbindest.
Darum wollen wir einstimmen
in den Lobgesang der ganzen Schöpfung.

Heilig, heilig, heilig...

Heiliger Gott,
immer wieder
fließt uns aus Deinem großen Herzen
göttliches Leben zu.
Und immer wieder
zeigst Du uns Deinen Spiegel: Jesus Christus.
Darum bitten wir:
Heilige unsere Augen, damit wir ihn sehen,
heilige unsere Seele, damit wir ihn empfangen,
heilige unser Herz, damit wir ihn lieben.
Leg Deinen Heiligen Geist auf Brot und Wein,
damit sie uns werden

Leib und Blut Jesu Christi, Deines geliebten Sohnes.

Denn am Abend ...

Geheimnis des Glaubens ...

Großer Gott,
nun sehen wir vor uns
den klaren Spiegel Deiner Liebe,
Deine Armut und Deine Demut:
Jesus Christus, Deinen Sohn.
Du hast die Schande, die man ihm antat,
verwandelt in Ehre und Ruhm,
den Tod in unverbrüchliches Leben.
Und so lebt er jetzt für uns
in Brot und Wein.

Wir bitten Dich:
Verbinde uns an diesem Tisch –
damit auch wir lieben.
Mach uns eins mit seinem Leib und Blut –
damit auch wir arm sind mit den Armen.
Erfüll uns mit seinem Heiligen Geist –
damit auch wir vom hohen Ross heruntersteigen
und einander dienen.

Mach Deine Kirche
zu einem Ort,
an dem Deine Liebe bezeugt,
Deine Armut gelebt
und Deine Demut nachvollzogen wird.
Besonders beten wir
für alle, die ein Amt haben:
für die Frauen und Männer auf allen Ebenen,
für die Bischöfe und unseren Papst.

Öffne uns
für alle Menschen,

die sich sehnen nach Liebe und Freundschaft,
die rufen nach Solidarität,
die unser Dienen nötig haben.

Verbind uns
mit allen Toten,
mit den vergangenen Generationen.
Erweck alle
in die Gegenwart
Deiner unaussprechlichen Liebe.

Nimm uns hinein
in die Lebens- und Liebesgemeinschaft all Deiner Heiligen.
Mit Maria, der Mutter Deines Sohnes,
Franz und Klara von Assisi,
mit allen, die Deine Armut und Deine Demut bezeugt haben,
wollen wir Dich loben durch unseren Herrn Jesus Christus.

Durch ihn und mit ihm …

Hochgebet: Sonnengesang

Zu diesem Hochgebet gehören auch die bereits angezeigten Texte des Kyrie, des Gloria, des Tagesgebetes und der Gabenbereitung.

Gott
Dir danken ist gut
Dir danken ist schön
Dir danken macht lebendig
und beschwingt
Denn ohne Dein Feuer
zerfällt und vergeht alles Irdische
Im Ofen Deiner Liebe aber
gewinnt alles Halt und Dauer.

So heben wir
dankend
in Dein Feuer

den Stein und die Berge
die Blumen und die Bäume
die Tiere und den Menschen
alles, was unsere Erde hervorbringt
die Mutter, die uns trägt
Und wir danken Dir
für alles, was uns der Himmel schenkt:
das Wort und den Sinn
die Liebe und das Leben
Deinen Heiligen Geist und Jesus, Deinen Sohn.

Alles sei in Dein Feuer gehalten
Gepriesen bist Du von allen Engeln und Heiligen
und von allen Sonnen und Milchstraßen,
von allen Elementen und von uns Menschen
Heilig, heilig, heilig ...

Gott –
Wind, der alles bewegt
Hauch, der alles belebt
Brausen, das alles mitreißt

Wir sind das Wasser:
bereit für jeden Hauch
durchlässig für jeden Wind
empfänglich für jedes Brausen

Beweg uns
Beleb uns
Reiß uns aus allem Tod
Leg Deinen Heiligen Geist auf uns –
und wir sind Dein
Leg ihn auf Brot und Wein –
und sie sind Dein:
Deine lebendige Gegenwart unter uns
in Jesus, Deinem Sohn

Einsetzungsbericht

Denn am Abend…

Gott –
Vor uns ist die Liebe
mit der Du uns liebst
die Hingabe, die nichts zurückbehält
das Leben, das sich einsetzt

Vor uns ist Jesus Christus
sein mitgeteilter Geist
sein offenes Herz
sein hingegebener Leib
sein vergossenes Blut

Vor uns bist Du
Gott
Dein Leben, das den Tod besiegt
Deine Macht, die Tote erweckt

Vor uns ist der Auferstandene, der Lebendige –
und nichts ist in uns,
das nicht erweckt werden kann
zum ewigen Leben.

Wir bitten Dich:
Binde uns in den Bund des Lebens
Führ uns
in eine neue Verbundenheit
mit Deinen Geschöpfen
in die Solidarität mit den Armen und Kranken
in die Kette derer,
die Vergebung suchen und Frieden
hier und jetzt
weltweit

Lass uns diesen Bund
bezeugen
in der Kirche und in der Welt
mit den Lebenden
und den Verstorbenen
mit den Sündern und mit den Heiligen
durch Jesus, Deinen geliebten Sohn.
Durch ihn...

Hochgebet mit Kindern 1: Elemente

Wie wir wissen, ist nichts so langweilig für Kinder wie der lange Monolog des Priesters beim Hochgebet. Und wenn das Hindernis »Präsidialgebet« gefallen ist, kann man die Kinder beteiligen. Freilich müssen diese vorher gut auf ihre Rolle vorbereitet werden, damit das Hochgebet jene mystische Dichte erreicht, die ihm zukommt. Das nachstehende Hochgebet, in dem die Elemente das Grundmotiv sind, setzt nach dem Sanktus ein. Es ist in der Klosterkirche Altdorf entstanden.

1. Kind: Gott, wir bitten Dich: Sei Du unsere Sonne, damit wir lachen und singen
2. Kind: Sei unser Licht in der Nacht, damit wir lachen und singen
3. Kind: Sei der Wind, der uns bewegt, damit wir lachen und singen
4. Kind: Sei das Wasser, das uns belebt, damit wir lachen und singen

1. Kind: Sei das Feuer, das in uns brennt, damit wir lachen und singen
2. Kind: Sei der Boden, der uns trägt, damit wir lachen und singen
3. Kind: Sei die Liebe, die alle umarmt, damit wir lachen und singen
4. Kind: Sei das Leben, das allen Tod überwindet, damit wir lachen und singen

Priester:
Sei Du alles in allem!
Sei Du der Heilige Geist, damit die Erde lacht und singt
Sei Du in Brot und Wein
Sei Du da in Jesus, der uns liebt
In ihm, der uns sein Leben gibt

Einsetzungsbericht

Da ist Gott!
Da ist Jesus!
Da ist seine Liebe
Da ist sein Leib, sein Blut
Da ist der lebendige Gott!

1. Kind: Wir wollen singen und lachen, denn Du bist da!
2. Kind: Wir wollen singen und lachen, denn Du bist unser Gott!
3. Kind: Wir wollen singen und lachen, denn Jesus ist unser Bruder und Freund
4. Kind: Wir wollen singen und lachen, denn wir sind Gottes Kinder

Priester:
Und wir sind seine Kirche hier auf Erden:
1. Kind: Wir beten für alle Christen
2. Kind: Wir beten für alle, die uns den Glauben vermitteln
3. Kind: Wir beten für alle, die der Kirche dienen
4. Kind: Wir beten für die Bischöfe und den Papst

Priester:
Wenn Du da bist Gott, dann können wir lachen und singen
1. Kind: In Deiner Kirche
2. Kind: Mit der ganzen Schöpfung
3. Kind: Mit den Verstorbenen
4. Kind: Mit allen Heiligen

Ein gemeinsames Loblied schließt das Hochgebet ab.

Hochgebet mit Kindern 2: Glocke

Dem gleichen Anliegen sollte auch das Hochgebet zur Erstkommunion in Aarau (2000) dienen. Dabei muss man wissen, dass die Katechetin eine Geschichte erzählte, in der das Motiv der Glocke eine wesentliche Rolle spielte.

Priester: Es ist gut, Dir zu danken, lieber Gott!

1. Kind: für das Brot auf unseren Tischen
2. Kind: für das Lied an unseren Festen
3. Kind: für das Blut in unseren Adern
4. Kind: für Vater und Mutter, die uns das Leben schenkten

1. Katechetin: für alle Kinder, die uns gegeben sind

Priester: Es ist gut Dir zu danken, guter Gott!

1. Kind: für das gute Wort, das wir hören
2. Kind: für die Liebe, die wir erfahren
3. Kind: für Jesus, dem wir heute begegnen
4. Kind: für das heilige Brot, das wir empfangen dürfen

2. Katechetin: Darum verbinden wir uns
mit den Engeln und Heiligen im Himmel
und hier auf Erden
mit jedem Stein und jeder Blume,
mit jedem Tier und jedem Menschen –
mit allem, was Du geschaffen hast,
lieber Gott.

Sanktuslied

Priester: Gott, wir bitten Dich: Sei Du wie der schöne Klang einer Glocke

1. Kind: Lass uns diesen Klang hören – und wir werden lachen
2. Kind: Lass uns den hellen Ton hören – und wir werden singen
3. Kind: Lass uns den Gesang der Glocke hören – und wir werden uns verändern

4. Kind: Lass uns sie läuten in jeder Stunde – und wir werden gut sein, lieb und gerecht

1. Katechetin: Ja, Gott, sei Du das Lied in unserem Leben

1. Kind: Erfülle unser Herz mit Deiner Kraft
2. Kind: Sei das Licht in unserer Seele
3. Kind: Zeig Dich auf unserem Gesicht
4. Kind: Zeig Dich in unseren Werken

2. Katechetin: Sei das Leben, das allen Tod überwindet

Priester: Sei Du alles in allem!
Sei Du der Heilige Geist, damit die Erde lacht und singt
Sei Du in Brot und Wein,
Sei Du da in Jesus, der uns liebt
In ihm, der uns sein Leben gibt

Einsetzungsbericht

Priester: Gott – Du bist da!
(Altarglocke!) –
1. Katechetin: Da ist Jesus! Da ist seine Liebe! Da ist sein Leib, sein Blut
(Altarglocke!) –
2. Katechetin: Da ist der lebendige Gott!
(Altarglocke!) –

5. Kind: Wir hören die Glocke, denn Du bist da!
6. Kind: Wir hören die Glocke, denn Du bist unser Gott!
7. Kind: Wir hören die Glocke, denn Jesus ist unser Bruder und Freund
8. Kind: Wir hören die Glocke, denn wir sind Gottes Kinder

1. Katechetin: Und wir sind seine Kirche hier auf Erden:

5. Kind: Wir beten für alle Christen
6. Kind: Wir beten für alle, die uns den Glauben vermitteln

7. Kind: Wir beten für alle, die der Kirche dienen
8. Kind: Wir beten für die Bischöfe und den Papst

2. Katechetin: Wenn Du da bist, Gott, dann werden wir froh

5. Kind: In Deiner Kirche
6. Kind: Mit der ganzen Schöpfung
7. Kind: Mit den Verstorbenen
8. Kind: Mit allen Heiligen

Priester: Verbunden mit allen Geschöpfen und allem, was ist, wollen wir Dich loben, Gott, durch Jesus Christus, unseren Herrn.
Alle: Durch ihn und mit ihm und in ihm ist dir, Gott, allmächtiger Vater, in der Einheit des Heiligen Geistes alle Herrlichkeit und Ehre jetzt und in Ewigkeit.

Hochgebet mit Kindern 3: Du bist die Mitte

Auch dieses Gebet ist für die Erstkommunion in Aarau (2002) entstanden. Auf dem Altar lag ein großes, drehbares Wagenrad, um das sich die Kinder – mit Farbbändern mit der Mitte verbunden – vorher gedreht haben.

Präfation

Gott
Wir danken Dir,
weil Du die Mitte bist

Du bist die Sonne
  Und wir sind die Sterne, die um Dich kreisen
Du bist der Hirt
  Und wir sind die Schafe, die Dir folgen
Du bist das Zentrum
  Und wir sind die Menschen, die um Dich tanzen

Voll Freude und Dankbarkeit
Wollen wir in das Lied der ganzen Schöpfung einstimmen

Heilig ...

(Hände hoch strecken)
● Gott, Du hast alles geschaffen
Kinder: Du bist die Mitte
● Du rufst jede und jeden mit Namen
Kinder: Du bist die Mitte
● Du nimmst uns bei der Hand
Kinder: Du bist die Mitte

(Hände austrecken)
● Du legst deine Hand auf alles
Kinder: Du bist die Mitte
● Du berührst alles mit Deinem Heiligen Geist
Kinder: Du bist die Mitte
● Du veränderst die Welt
Kinder: Du bist die Mitte

(Hände auf die Brust legen)
● Du gibst uns ein neues Herz
Kinder: Du bist die Mitte
● Du machst uns gut
Kinder: Du bist die Mitte
● Du machst uns froh
Kinder: Du bist die Mitte

● Du zeigst uns Jesus
Kinder: Du bist die Mitte
● Du schenkst uns das Brot des Lebens
Kinder: Du bist die Mitte
● Jesus ist da
Kinder: Du bist die Mitte

Denn in der Nacht ...
Geheimnis des Glaubens

● Gott, Du bist da!
Kinder: Du bist die Mitte

- Jesus lebt!

Kinder: Du bist die Mitte
- Du überwindest den Tod

Kinder: Du bist die Mitte
- Du willst den Frieden

Kinder: Du bist die Mitte
- Du liebst die ganze Welt

Kinder: Du bist die Mitte
- Du willst, dass wir einander Schwester sind und Bruder

Kinder: Du bist die Mitte
- Du willst, dass wir versöhnt leben

Kinder: Du bist die Mitte
- Du willst, dass wir eins sind

Kinder: Du bist die Mitte
- Du bist bei den Heiligen und den Sündern

Kinder: Du bist die Mitte
- Du bist in der Kirche und in der ganzen Welt

Kinder: Du bist die Mitte
- Du bist bei den Lebenden und den Verstorbenen

Kinder: Du bist die Mitte
- In Jesus Christus

Durch ihn ...

Hochgebet: Eucharistie und Krankensalbung

Für einen Sonntagsgottesdienst, in dem auch die Krankensalbung gespendet werden sollte, habe ich folgendes Hochgebet verfasst:

Gott
Du liebst den Wohlgeruch,
der ausgeht von allem, was Du geschaffen hast.
Du liebst den herben Duft der Steine und der Ackerscholle –
und angenehm ist dir jede Blume und jeder Baum.

Du liebst Himmel und Erde und den Menschen, Dein Abbild –
und aufrecht geht er, wenn Du ihn berührst

Du legst Deine heilende Kraft
in Salben und Öle und in alles, was ist

in unsere Hände und in unsere Worte –
und gesund wird der Mensch, wenn Du es willst.

Darum wollen wir Dir danken,
für alles Leben, das in uns ist,
für den Lebenswillen, den Du uns schenkst, selbst in Not und Krankheit
für die Menschen, die sich für die Gesundung der Kranken einsetzen

Besonders aber danken wir Dir,
dass Du ein Gott der Lebendigen bist und nicht der Toten,
dass Jesus heilt und lebendig macht,
dass Du uns an die Seite der Kranken stellst.

So verbinden wir uns mit allen Engeln und Heiligen im Himmel
und mit der ganzen Schöpfung
um Dich zu loben und zu preisen: Heilig …

Höhe und Tiefe
jubeln
Weite und Nähe
singen
von Dir, Gott,
und vom Frieden auf Erden

Wo Du bist
ist Friede und Heil.
Wo kein Friede ist und Heillosigkeit,
da soll Friede und Heil werden.
Und aus Angst soll ein weites, befreites Herz erstehen.

Wir jubeln und singen
Dir
und dem Menschen, den Du liebhast:
Jesus Christus

Denn Du hast
ihn aufgenommen in Deine Gegenwart,
gezeichnet mit den Wunden der Welt,
verletzt bis ins Innerste,
gebunden an das Schwergewicht der Erde.
So liegt Dir alles am Herzen,
was uns bedrängt und krankmacht.
Ehre sei Dir
in der Höhe, im Himmel
und in der Tiefe überall in der weiten Welt
und ganz innen, in unseren Herzen.

Gott,
verbreite in unserer Mitte
Deinen wohlriechenden Duft
und Deine heilende Kraft.

Leg Deinen Heiligen Geist
auf dieses Öl
und segne es.
Gehe ein in seinen Duft,
ergieße dich
über Frau und Mann
über Kind und Greis
und über diese/n Kranke/n
und lass sie/ihn auferstehen
zu einem Leben ohne Angst
und voll Kraft.

Und segne dieses Brot und diesen Wein,
damit er da ist
als Heil der Kranken
als Vergebung der Sünden
als ewiges Leben.

Denn in der Nacht...

Einsetzungsbericht

Und so glauben wir,
dass Du Tote erweckst
und lebendig machst
hier und überall in Deiner Kirche.
Darum bitten wir durch Jesus Christus, unsern Herrn.
Durch ihn, mit ihm und in ihm ist Dir, Gott, alle Herrlichkeit und Ehre.

Krankensalbung
Kommunion

Hochgebet: Weihnachten

Gott
Es ist gut und heilsam
Dich zu loben und zu preisen
und Dir im Namen der ganzen Menschheit
ein Danklied zu singen.

Wir danken Dir für die Lichter dieser Nacht (dieses Tages)
für die Lieder, die wir singen
für das Sehnen, das in uns wach geworden ist
für die Sehnsucht
nach Liebe und Geborgenheit
nach Frieden und Gerechtigkeit

Wir wollen
in das Lied einstimmen, das die Engel bei der Geburt Jesu gesungen haben
das göttliche Gewicht anerkennen, das dem kleinen Kind in der Krippe zukommt
den Frieden empfangen, der uns geschenkt ist.

Darum wollen wir uns verbinden
mit allen Engeln und Heiligen im Himmel
und mit dem ganzen Weltall
um Dich zu loben und zu preisen.

....

Heilig bist Du, Gott
    und heilig ist diese Erde
Heilig sind
    der Stall und die Krippe
    der Ochs und der Esel
    Maria und Joseph
    das Kleine und Schwache
    wir und die ganze Welt
Denn Du willst wohnen
mitten unter uns
    in jedem Kind und jedem Greis
    in Mann und Frau
    in allem, was zu dieser Erde gehört

So bitten wir
um Deinen Heiligen Geist
dass wir
    Dich suchen
    Dich erkennen
    Dich aufnehmen
    in Brot und Wein
    und in allem, was uns miteinander verbindet.

Denn ...

Geheimnis des Glaubens ...

Nun sehen wir Dich
Gott
    die Fülle Deines Lebens
    Deine bedingungslose Liebe hier unter uns
Wir sehen das Kind in der Krippe
    das Wunder der Wunder
    Jesus von Nazaret
Wir sehen Brot und Wein
    und alles, was auf Dich hinweist

Wir verbinden uns
    mit den Kleinen und Schwachen
    mit den Armen und Verstoßenen
    mit allen, für die keine Herberge in der Stadt ist
Wir verbinden uns
    mit der ganzen Schöpfung
    mit Sonne und Mond
    mit Wind und Wasser
    mit Feuer und Erde
    und mit allen, die von der Erde genommen sind
Ja, wir verbinden uns
    mit allen Menschen
    und mit allen, die Deine Kirche sein wollen.

Wir bitten
    um Frieden und Gerechtigkeit
    um Liebe und Geborgenheit für alle
        die Lebenden und die Verstorbenen
und
wir bitten für alle Frauen und Männer,
die in Kirche und Gesellschaft Verantwortung tragen:
Mach sie frei
    vom Streben nach Macht
    vom Eigennutz
und lass sie das Wohl aller suchen.

So werden wir Dich loben und preisen können
jetzt schon
in der Gemeinschaft der Heiligen
durch Jesus Christus, unseren Bruder und Freund
Deinen Sohn

Durch ihn ...

Das Vaterunser

Modell 1: kreative Reproduktion

Wie an anderen Texten versuchte ich auch am Vaterunser mein Konzept der »kreativen Reproduktion«:

Textvorschlag	Offizieller Text
Du Du Leben Du unser Leben Du Du Du Leben über den Wolken Du unser Leben in den Tiefen Du Du, Leben, nach dem wir uns sehnen	Vater unser im Himmel
Du Lass Dich sehen, spüren, greifen Zwinge uns in die Knie, wo immer Du aufleuchtest Du Leben Du Leben der Welt Lass uns Dich anbeten Im Stein In der Blume Im Tier In jedem Menschen besonders in Jesus Christus Deinem Sohn[1]	Geheiligt werde dein Name
Lass den Tag kommen An dem die ganze Welt dein Haus ist	Dein Reich komme

1 Dieser Satz steht nicht in meinem ursprünglichen Text (Gott, der mich atmen läßt, 76), ich habe ihn freilich schon längere Zeit im Nachvollzug hinzugefügt.

An dem das Kind mit der Schlange spielt An dem niemand mehr weinen muss An dem es kein Gesetz mehr gibt Nur noch Liebe, Frieden, Gerechtigkeit,[2] Freude	
Setz Deinen Willen durch Stürz die Mächtigen vom Thron Und gib den Kleinen das Sagen Mach stark das Schwache Und gib Mut den Verzagten und Verängstigten Lass keinen Willen mehr gelten als den Willen zur Liebe.	Dein Wille geschehe
	Wie im Himmel so auf Erden
Gib uns, was wir Tag für Tag zum Leben brauchen: Einen gedeckten Tisch Das Lachen eines Kindes Ein Wort, das aufrichtet Eine zärtliche Hand	Gib uns unser tägliches Brot
Vergib uns, was wir falsch gemacht haben Lass uns neu anfangen können Gib uns die Kraft, ebenso zu sein wie Du: Barmherzig, langmütig, geduldig	Vergib uns unsere Schuld

2 Ebenfalls später hinzugefügt, nicht zuletzt, um die Assoziation »Friede, Freude, Eierkuchen« zu vermeiden.

	Wie auch wir vergeben unseren Schuldigern
Nimm uns an der Hand Und gib uns das Gespür für Deine Nähe Führ uns durch alle Gefahren hindurch	Und führe uns nicht in Versuchung
Befrei uns aus der Angst Aus dem Gefühl, nichts zu können und niemand zu sein Erlöse uns von allem Bösen.	Sondern erlöse uns von dem Bösen
	Denn dein ist das Reich und die Kraft und die Herrlichkeit in Ewigkeit. Amen

Modell 2: übersetzte »Paraphrase« des Franz von Assisi
Eine weitere Möglichkeit, das Vaterunser sprachlich zu gestalten, ist mit der »Paraphrase« gegeben. Solche ausdeutenden Gebetstexte hat es im Verlauf der christlichen Geschichte viele gegeben. Ich nehme jenen Text auf, der auf Franz von Assisi zurückgeht. Die deutsche Übersetzung, die ich hier (Veröffentlichung im Internet: http://www.kapuziner.ch/rotzetter/) vorlege, ist entschieden abgerückt von einer Übersetzung, die an der lateinischen Vorlage klebt. Sie hat sich vor allem von der lateinischen Satzstruktur (Hypotaxe) gelöst und bemüht sich um Einfachheit.

Textvorschlag	Offizieller Text
O Heiligster Vater unser Schöpfer, Erlöser, Tröster und unser Retter Du bist im Himmel	Vater unser im Himmel

In allen die durchlässig geworden sind für Dich in den Engeln und in den Heiligen Du erleuchtest sie – und sie erkennen Denn Du, Herr bist das Licht Du entflammst sie – und sie lieben Denn Du, Herr bist die Liebe Du bewohnst und erfüllst sie – und sie sind selig Denn Du, Herr bist das höchste Gut Ewiges Gut Aus Dir fließt jedes Gut Ohne Dich kein Gut	
Mach uns mit Dir vertraut und unser Inneres hell Öffne Herz und Verstand für Deine Wohltaten weit und breit für Deine Verheißungen immer und ewig für Deine Erhabenheit	Geheiligt werde dein Name

über alles und jedes für Deine Entscheidungen abgründig und tief	
Herrsche in uns durch die Gnade Erfülle uns mit Deiner Kraft So werden wir in Dein Reich kommen können Dort werden wir Dich ungehindert sehen Dich vollkommen lieben In Deiner Gesellschaft glücklich sein Dich immer und ewig genießen	Dein Reich komme
Lass uns Dich lieben aus ganzem Herzen und an Dich denken Tag und Nacht Lass uns Dich lieben aus ganzer Seele und	Dein Wille geschehe

uns sehnen
nach Dir
immer und ewig
Lass uns
Dich lieben
aus ganzem Geist
und
all unsere Aufmerksamkeit
auf Dich
richten
in allem
Deine Ehre
suchen

Lass uns
Dich lieben
aus all unseren Kräften
und
alle Kraft und jeden Sinn
der Seele und des Leibes
einsetzen
für die Hingabe
an Deine Liebe
und
für nichts anderes

Lass uns
unsere Nächsten lieben
und
auch uns selbst

Gib
dass wir mit ganzer Kraft
alle
zu Deiner Liebe ziehen

Dass wir uns
über das Gute

anderer freuen wie über das eigene Dass wir im Leiden mitleiden und keine Wunden schlagen	
	Wie im Himmel so auf Erden
Unser tägliches Brot Deinen geliebten Sohn unseren Herrn Jesus Christus gib uns heute Erinnere uns an die Liebe, mit der er uns geliebt hat Lass uns diese Liebe erkennen und verehren und alles, was er für uns gesagt, getan und gelitten hat	Gib uns unser tägliches Brot
Und vergib uns unsere Schuld Durch Deine Barmherzigkeit, für die wir keine Worte haben Durch die Kraft, die im Leiden Deines geliebten Sohnes liegt	Vergib uns unsere Schuld

Durch die Jungfrau Maria und alle Heiligen, die mit ihrem Leben und ihrem Gebet vor Dir stehen	
Wie auch wir vergeben unseren Schuldigern Was wir nicht ganz vergeben Herr Hilf uns ganz vergeben Mach uns fähig um Deinetwillen die Feinde wirklich zu lieben und für sie zu beten mit aller Hingabe Gib dass wir Böses nicht vergelten mit Bösem und in allem mit Eifer Dein Werkzeug des Friedens sind	Wie auch wir vergeben unseren Schuldigern
Und führe uns nicht in Versuchung Sei sie verborgen oder mit Händen zu greifen kurzlebig oder hartnäckig	Und führe uns nicht in Versuchung

Sondern erlöse uns von dem Bösen	Sondern erlöse uns von dem Bösen
Von allen Belastungen der Vergangenheit von allen Bedrängnissen der Gegenwart und von allen Ängsten der Zukunft	
Ehre sei dem Vater dem Sohn und dem Heiligen Geist von nun an und in alle Ewigkeit	Denn dein ist das Reich und die Kraft und die Herrlichkeit in Ewigkeit. Amen

Der Embolismus

Textvorschlag	Offizieller Text
Ja, Gott, erlöse uns doch von allem Bösen: von allem, was uns hindert, Mensch zu sein: von allem, was Deine Schöpfung verdirbt (hier könnte man konkreter werden und etwas nennen, was die Öffentlichkeit besonders erregt: von der Maul- und Klauenseuche, von Aids, von einer menschenverachtenden Wirtschaft...). Gib uns doch den Frieden in unseren Gemeinschaften, in der Kirche, zwischen den Völkern	Erlöse uns, Herr, allmächtiger Vater, von allem Bösen und gib Frieden in unseren Tagen. Komm uns zu Hilfe mit deinem Erbarmen und bewahre uns vor Verwirrung und Sünde, damit wir voll Zuversicht das Kommen unseres Erlösers Jesus Christus erwarten.

(vielleicht konkrete Situationen nennen). Gib uns den Sinn für Gerechtigkeit. Segne unseren Einsatz und unser Mühen. Verhindere falsche Wege, Versagen und Schuld. Lass uns mit Freude und voll Zuversicht in die Zukunft gehen und Jesus Christus, Deinen Sohn erwarten.	

Das Friedensgebet

Textvorschlag	Offizieller Text
Auferstandener, Lebendiger, Jesus Christus: Lass uns jetzt Deinen Atem spüren. Erfüll uns mit Deinem Frieden. Versöhn uns mit Gott, mit uns selbst, untereinander, mit allen Menschen. Mach Deine Kirche zum Zeichen für Einheit und Frieden.	Der Herr hat zu seinem Aposteln gesagt: Frieden hinterlasse ich euch, meinen Frieden gebe ich euch. Deshalb bitten wir: Herr Jesus Christus, schau nicht auf unsere Sünden, sondern auf den Glauben deiner Kirche und schenke ihr nach deinem Willen Einheit und Frieden.

Das Agnus Dei

Ich versuche hier trotz allem, das Motiv des Lammes auf Jesus anzuwenden.

Lamm
Vom Wolf gerissen
Jesus
Vom Hass vernichtet
Lamm
Von der Liebe gerufen

Lamm
Auf der Schlachtbank zerlegt
Jesus
Am Kreuz durchbohrt
Lamm
Vom Leben durchdrungen

Lamm
Der Gewalt ausgeliefert
Jesus
Zum Tod verurteilt
Lamm
Leben der Welt

Das Kommuniongebet

Statt des »Ich bin nicht würdig«:

Komm,
Du Licht, das meine Dunkelheit erleuchtet
Du Leben, das meinen Tod überwindet
Du Liebe, die mich lieben lässt.

Nichteucharistische Hochgebete

Hochgebet: Brot und Wein

Beim nachfolgenden Hochgebet (1992 veröffentlicht in: M. Schmeisser/L. Pfeiffer/A. Pfeiffer, Lass meine Seele aufatmen, 52) fehlt der Einsetzungsbericht. Es entstand für eine ökumenische nichteucharistische Brot- und Weinfeier. Selbstverständlich kann es auch weiterhin so verwendet werden. Doch kann es durch Einfügung des Einsetzungsberichtes leicht auch in einer Eucharistiefeier Verwendung finden – und erscheint zudem nach der Approbation eines Hochgebetes ohne Einsetzungsbericht durch den Vatikan in einem neuen Licht.

Gott
Wir danken Dir
für den Weg, den wir gemeinsam gehen
für alle Erfahrungen, die uns zusammenhalten
für das Wort, das trägt, Mut macht und tröstet
für die offenen Augen und Ohren
für die Herzen, die sich öffnen
und die Hände, die sich geben

Wir danken Dir
für den Tisch, um den wir versammelt sind
für Brot und Wein, die darauf liegen
für diese köstlichen Gaben der Schöpfung
für alles, was uns am Leben erhält

Wir verbinden uns
mit allen Menschen auf der weiten Welt
mit jedem Tier auf dieser Erde
mit dem Fisch im Wasser
und dem Vogel in der Luft
mit jeder Blume, die blüht,
und jedem Samen, der keimt

mit jedem Stein und jedem Berg
mit allem, was Du geschaffen hast

Gott
Vater, von dem alles Leben kommt
Mutter, die alles umfängt und trägt
Segne das Brot
Sieh es an mit den Augen der Liebe –
und es verbindet
Leg Deine gütige Hand darauf –
und es schmeckt
Hauch es an mit Deinem Atem –
und es macht lebendig
Durchdring es mit Deiner Kraft –
und es nährt den Leib, die Seele, den Geist
Erfüll es mit Deiner befreienden Gegenwart –
und wir sind Deine Söhne und Töchter
Schwestern und Brüder

(Brot teilen)

Segne diesen Wein
Sieh ihn an mit den Augen der Liebe –
und er macht selig
Lege Deine gütige Hand darauf –
und er mundet
Hauch ihn an mit Deinem Atem –
und er rauscht in unseren Adern
Durchdring ihn mit Deiner Kraft –
und er beschwingt den Leib, die Seele, den Geist
Erfüll ihn mit Deiner befreienden Gegenwart –
und wir sind frei und froh
verbunden, vermählt
Dein Liebesbund auf Erden

(Wein trinken)

(Wenn der Text als Eucharistie verwendet wird, erfolgt hier der Einsetzungsbericht und Kommunion.)

Hochgebet: Brot und Milch

Das eben vorgestellte Hochgebet habe ich für das so genannte Feierabendmahl am Evangelischen Kirchentag 2001 in Frankfurt abgewandelt. Dabei ist zu beachten, dass sich diese Feier in keiner Weise als Eucharistiefeier verstehen wollte. Es sollte den Todesmitteln Geld und Geltung die biblischen Lebensmittel Brot und Milch entgegensetzen. Ähnlich könnten auch andere Dinge aus dem alltäglichen Gebrauch herausgenommen und vor einen neuen, biblischen Horizont gestellt werden.

Gott
Wir danken Dir
für den Weg, den wir gemeinsam gehen
für das Ziel, das Du uns gegeben hast
für alle Erfahrungen, die uns auf dem Weg zusammenhalten
für das Wort, das trägt, Mut macht und tröstet
für die offenen Augen und Ohren
für die Herzen, die sich öffnen
und die Hände, die sich geben

Wir danken Dir
für den Tisch, um den wir versammelt sind
für Brot und Milch und Wasser
für diese köstlichen Gaben der Schöpfung
für alles, was uns am Leben erhält

Wir verbinden uns
mit allen Menschen auf der weiten Welt
mit jedem Tier auf dieser Erde
mit dem Fisch im Wasser
und dem Vogel in der Luft
mit jeder Blume, die blüht,
und jedem Samen, der keimt
mit jedem Stein und jedem Berg
mit allem, was Du geschaffen hast

Gott
Vater, von dem alles Leben kommt
Mutter, die alles umfängt und trägt
Segne das Brot
Sieh es an mit den Augen der Liebe –
und es verbindet
Leg Deine gütige Hand darauf –
und es schmeckt
Hauch es an mit Deinem Atem –
und es macht lebendig
Durchdring es mit Deiner Kraft –
und es nährt den Leib, die Seele, den Geist
Erfüll es mit Deiner befreienden Gegenwart –
und wir sind Deine Söhne und Töchter
Schwestern und Brüder

Segne diese Milch
Sieh sie an mit den Augen der Liebe –
und sie macht selig
Lege Deine gütige Hand darauf –
und sie mundet
Hauch sie an mit Deinem Atem –
und sie schenkt uns den Frieden
Durchdring sie mit Deiner Kraft –
und sie erfüllt den Leib, die Seele, den Geist
Erfüll sie mit Deiner befreienden Gegenwart –
und wir sind geliebt
wie Kinder an der Brust der Mutter
wie die Geliebten am Herz der Liebe
Dein Liebesbund auf Erden

Hört die Stimme Jesu
Des Auferstandenen:
Gebt zu Essen und zu Trinken!
Esst und trinkt!

Hochgebet: Öl zur Krankensalbung

Nachfolgend das Segensgebet, das ich für eine Krankensalbung in einer Gemeinde verfasst habe. Dabei bin ich der Meinung, dass die Segnung des Öls zur Zeichenhandlung der Salbung selbst gehört und deswegen nicht mehr dem Bischof vorbehalten bleiben kann.

Gott
Wir loben und preisen Dich
Für alle Kraft in unseren Händen und Füßen
Für alles Blut in unseren Adern
Für die Beschwingtheit, die von Deinen Verheißungen ausgeht

Wir loben und preisen Dich
für Jesus, der gekommen ist, dass
Lahme gehen
Taube hören
Kranke Heilung erfahren
Dass selbst Tote auferweckt werden

Gott
Wir bitten Dich:
halte Deine segnende Hand
über Frau und Mann
über Jung und Alt
über Gesunde und Kranke

Gib Deine heilende Kraft
in dieses Öl,
auf dass es Schmerzen lindert
Wunden heilt
tröstet und stärkt
den Duft deiner Liebe verbreitet
und Dein göttliches Leben schenkt.
Darum bitten wir
Durch Christus, unseren Herrn.

Gott
Heil und Heilung
Lass Dich erfahren
in aller Krankheit
und in jeder Schwäche
Heil die Kranken –
stärk die Schwachen
KG 31,7 [GL 358,3] (= feierliches Kyrie)

Gott
Heil und Heilung
Erfüll unser Beten und Hoffen
mit Kraft und Zuversicht
Leg Deine liebende Zuwendung
in unsere Hände und in unsere Worte
Öffne die Sinne der Kranken
Für das heilende Wort
und das heilende Zeichen
Richte die Gebeugten auf
KG 31,7 [GL 358,3]

Gott
Heil und Heilung
Erfüll unsere Gemeinschaft
mit Deiner heilenden Gegenwart
Berühr unsere Angst
Vergib unsere Schuld
Mach deine Kirche
zum Raum der Gnade
zum Ort der Begegnung
zum Haus des Heils
KG 31,7 [GL 358,3]

Anschließend erfolgt die Salbung.

Die Begleitung in Krankheit und Tod

Ein Ritual der Krankensalbung

Bisher gab ich bereits zweimal Textbeispiele (S. 200 und S. 221) für die Krankensalbung. Im folgenden möchte ich aber ein ganzheitliches Ritual dafür vorschlagen.
Das Ritual kann sich in folgenden Schritten entfalten, wird aber im Konkreten sicher um einige Elemente verkürzt werden müssen; man beachte, was ich oben zur »Geschwätzigkeit« gesagt habe. Ich bin hier nur deswegen abundant, um eine Auswahl präsentieren zu können und die Phantasie zur weiterführenden Kreativität anzuregen. Es ist für mich selbstverständlich, dass die Texte auf verschiedene Sprecher/Sprecherinnen verteilt werden können. Zudem wird man sich am Krankenbett bewusst machen müssen, dass jede/r Kranke eine Person ist, die sich von anderen Kranken unterscheidet. Nicht alles ist unterschiedslos überall und für jeden Menschen möglich!

Persönliche Begrüßung des/der Kranken und der Anwesenden

KG 544 (GL 621) (gesungen oder gesprochen)

Kyrie

Herz, das sich öffnet
Christus, der sich zeigt
Erbarme dich

Arme, die sich weiten
Christus, der umarmt
Erbarme dich

Erbarmen, das Kranken gilt
Christus, der mit uns ist
Erbarme dich

Gebet

Herr Jesus, erbarme dich
O Kreuz, du bist unser Heil

Erleuchte unsre Erde,
die Welt, die sich sehnt nach dir
O Kreuz, lebendge Quelle
der Liebe, die sich neigt zu mir.

Du bist den Armen Hoffnung
und allen, die krank sind, Kraft.
Nur du bist unser Ausweg
und allen, die tot sind, Macht.

Versammle alle Menschen
im Schatten des Lebensbaums
Durch dich wird Gott der Vater
uns geben den Siegeskranz
(A. R. übersetzt aus einem französischen Hymnus: Victoire!)

Vom Tod oder von Gott umfangen?

Mitten wir im Leben sind
mit dem Tod umfangen.
Wer ist, der uns Hilfe bringt,
dass wir Gnad erlangen?
Das bist du, Herr, alleine.
Uns reuet unsre Missetat,
die dich, Herr, erzürnet hat.
Heiliger Herre Gott,
heiliger starker Gott,
heiliger barmherziger Heiland,
du ewiger Gott,
lass uns nicht versinken
in des bittern Todes Not.
Kyrieleison.
Martin Luther

Mitten wir im Tode sind
vom lebendigen Gott umfangen.
Wer ist, der uns schaden kann,
dass wir tot umfallen?
Das bist du, Herr, alleine!
Du öffnest deiner Liebe Tor,
die uns, Herr, erlöset hat.
Heiliger Herre Gott,
heiliger starker Gott,
heiliger barmherziger Heiland,
du ewiger Gott,
lass uns hinein versinken
in der feurigen Liebe Glut.
Alleluja.
Anton Rotzetter

Lesung
(eine Heilungsgeschichte, etwa: Mk 7,31-37; 8,22-26; Lk 4,38f; 4,40f; 5,12-16; 5,17-26; 13,10-13; 14,1-6; 18,35-43; Joh 9,1-12; oder: Ölgeschichten Mt 25,1-13; 26,6-13; Mk 14,3-9; Lk 7,36-50; 10,25-37; oder den klassischen Text der Krankensalbung: Jak 5,13-18)

Wenn möglich:
Persönliche Auslegung

Fürbitten
(wenn gegeben in die Mehrzahl setzen!)

Für N.N.
- dass er/sie ja sagen kann zur Krankheit, die ihn/sie ergriffen hat
- dass er/sie Krankheit und Schwäche als einen Ort der Gnade begreifen lernt
- dass er/sie frei wird von aller Angst und allen Beklemmungen
- dass er/sie sich den Händen der Ärzte und des Pflegepersonals anvertrauen kann
- dass er/sie Kraft hat in der Schwäche,
  Licht sieht in der Nacht
  und Liebe erfährt in der Einsamkeit

- dass er/sie sich in die Hände Gottes
  und in seinen unerforschlichen Willen geben kann

Für alle Kranken
- dass sie der heilenden Kraft des lebendigen Gottes begegnen
- dass sie ihr Leiden verbinden können mit allen Leidenden dieser Welt
- dass sie fähig werden, selbst in der Not noch zur Freiheit der Kinder Gottes zu finden

Für alle, die mit Kranken in Berührung kommen
- dass sie Einfühlung, Wohlwollen und alle Kräfte der Liebe finden, welche den Kranken so notwendig sind
- dass sie Zeit haben und Geduld, Behutsamkeit in den Händen, Verständnis in den Augen und Sanftheit in den Worten

Hochgebet zur Weihe des Öls
(mit der gewohnten Einleitung zu den Hochgebeten)
(siehe oben S. 200 oder, wenn ohne Eucharistie, S. 221)

Vaterunser

Friedenswunsch
(einander die Hände reichen, dem/r Kranken Hände auflegen)

> Segen und Frieden zu bringen sind wir gesandt.
> Gott hat keine anderen Hände
> als die unseren!
> Segen und Frieden
> in unseren Händen!
> Der Friede des Herrn sei mit uns
> und heilender Segen mit unserem/r Kranken

Salbung
(Die Berührung beziehungsweise Salbung ist psychologisch und darum auch geistlich wichtig! In »kollektiven« Salbungsfeiern darf dieses mehrfache Salben nicht untergehen. Deshalb soll man für genügend Helfer/Helferinnen besorgt sein. In diesem Fall soll

jemand die einzelnen Salbeworte laut und deutlich, aber in einer Atmosphäre der Stille sprechen.)

(der Augen:) Gottes heilende Kraft
sei in deinen Augen
und in deinen Blicken.
Sie heile dich von aller Blindheit
und von allen falschen Perspektiven.

(der Ohren:) Gottes heilende Kraft
sei in deinen Ohren
und in deiner Aufmerksamkeit.
Sie heile dich von aller Taubheit
und von aller Sinnlosigkeit (Absurdität).

(der Nase:) Gottes heilende Kraft
sei in deiner Nase
und in deinem Orientierungssinn.
Sie heile Dich
von aller Stumpfheit
und von aller Hoffnungslosigkeit.

(des Mundes:) Gottes heilende Kraft
sei in deinem Mund
und auf deinen Lippen.
Sie heile dich von allem Verstummen
und von aller Unmündigkeit.

(der Hände:) Gottes heilende Kraft
sei in deinen Händen
und in all deinen Handlungen.
Sie heile dich von allem falschen Zugreifen
und von aller Kraftlosigkeit.

Gottes heilende Kraft
durchdringe dich ganz und gar.
Werde gesund!
Doch nicht dein Wille geschehe,

sondern der Wille Gottes, der dich liebt.
Darum bitten wir
durch Jesus Christus, unseren Bruder und Freund.

Schluss
KG 547 (GL 622) (gesungen oder gebetet)

Segen

Es segne dich
Gott
der Vater, der sich um dich sorgt
die Mutter, die dich behütet

Es segne dich
Gott
der Sohn, der Jesus Christus heißt
und Bruder ist,
Freund und Gefährte im Leiden

Es segne dich
Gott
der Heilige Geist, der in dir wohnt
und der dich von innen her heilen will

Es segne dich
der dreifaltige Gott
Vater, Sohn und Geist.

Text bei der Beerdigung eines jungen Mannes, der sich das Leben genommen hat

An den Schluss setze ich einen Text, den ich für die Beerdigung eines jüngeren Mannes geschrieben habe, der sich durch einen Gewehrschuss in den Mund das Leben genommen hat und dessen Gesicht infolgedessen zerstört war.

Ich träume
jede Nacht
und mitten am Tag
von Peter:

Von seinem Gesicht:
Es ist, wie es war,
doch viel schöner und heller
und tausendmal klarer.

Von seiner Stirn
und seinen Gedanken:
Hinweggeküsst sind
Runzeln und Schwermut.

Von seinen Augen
und seinem Blick:
Hinweggehaucht sind
Tränen und Trauer.

Von seinen Wangen
und seinen Lippen:
Hinweggestreichelt sind
Kummer und Klage.

Ja, ich träume
jede Nacht
und mitten am Tag
von Peter:
Die Chöre der Engel
singen seinen Namen
und er tanzt
vor dem lebendigen Gott.

Andachtselemente

Andachtselement zur Taufe Jesu

Anlass zu diesem Andachtselement ist meine negative Kritik am Textteil des KG, konkret an KG 372 (vgl. S. 129).

Lesung von Mk 1,9-13
Stille

Lektor (**L**): Mk 1,9

Sprecher (**S**):
Sich taufen lassen -
Ins Wasser tauchen -
Untergehen und wieder hochkommen -
Das Alte verabschieden -
Sich der Zukunft weihen -
Dem Egoismus abschwören -
Sich in die Hand Gottes geben.-
Sich von ihm leiten lassen.

Alle (**A**):
Gott
Mach uns jetzt bewusst:
Wir sind getauft
Eingetaucht in dein göttliches Leben.
Gib uns Kraft,
Jesus zu folgen:
Dich zu lieben wie er.
Dich zu bezeugen wie er.
Für deine Welt zu leben und zu sterben wie er.

Stille

L: Mk 1,10 und 11
Stille

S:
Über Jesus – ein offener Himmel –
Wir leben vor einem offenen Himmel! –
Er wird sich nie mehr schließen! –
–
Eine Taube aus dem offenen Himmel! –
Frieden für alle!
Die schöpferische Kraft Gottes!
Der Heilige Geist Gottes, der uns verbindet! –
–
Eine Stimme aus dem offenen Himmel –
Das Wohlgefallen Gottes
Für Jesus und für alle, die ihm folgen –
Die Freude Gottes
An Jesus und an allen, die sich ihm zur Verfügung stellen,
gewaltlos und bedingungslos. –

A:
Gott
Gib uns
Ein Auge für den offenen Himmel
Ein Ohr für Deine Stimme
Ein Herz für Deine schöpferische Kraft.
Gib uns
Die Freude an Dir
Die Freude am Leben
Die Freude an allem, was Du wirkst.
Gib
dass wir uns nicht verschließen,
dass Deine Stimme nicht verstummt,
dass sich Deine Kraft nicht verliert.

Stille

L: Mk 1,12
Stille

S:
Jesus in der Wüste -
Nur Gott zählt -
Nur Gott genügt -
Gott allein ist Leben!

Nicht Brot allein!
Nicht nur Wasser!
Nicht Kleid, nicht Haus!
Nicht Geld und Geltung!
Nicht Haben und Besitz!

Nur Gott – und sonst nichts!

A:
Gott
Führ auch uns in die Wüste!
Lass uns erkennen,
was zählt.
Was das Leben menschlich macht
Was wirklich Zukunft bringt
Lass uns Dich wählen
Und das Leben
Und Deine Verheißung.

Stille

L: Mk 1,13
Stille

S:
Jesus versucht und geprüft
für gut befunden
auf ihn ist Verlass!
–
Jesus in der Gemeinschaft der Engel:
Besungen, bedient und betanzt

In Gott geborgen
Bei sich zuhause!
–
Jesus in der Gemeinschaft der wilden Tiere:
Versöhnt und nahe,
nichts Böses!
Keine Gewalt!
Nur Geschwister!
Nur Liebe!
Nur Gnade!

A:
Gott,
Lass uns aus Deiner Verheißung leben.
Lass uns an der Vision festhalten:
Es wird eine Welt geben,
in der Du ganz und gar gegenwärtig bist:
überwunden das Böse
die Gewalt besiegt!
Nimm uns in deinen Dienst:
Für das Leben
Für eine versöhnte Welt
Für das Wohl aller Geschöpfe:
Aller Menschen und aller Tiere.

S.
Darum bitten wir dich durch Jesus Christus...

A:
Amen

Das Maria-Stern-Gebet

Ein anderes Beispiel (weitere Beispiele siehe das Hegner Kreuz-Gebet und das Hegner Marien-Gebet, in: A. Rotzetter, Mit-Leiden) für diese Art des Betens ist das so genannte »Sterngebet«, das ich für die Schwestern von Maria Stern in Augsburg verfasst habe.

V: Gott
Die Nacht ist nicht Nacht, wenn Du da bist.
Denn Du bist
das Licht der Lichter
und der Stern der Sterne.
Wir bitten Dich:

A: Leuchte unserer Zeit
Mach hell Verstand und Herz
Seele und Geist.
Lass uns Schwestern des Lichtes sein
und nicht der Finsternis.
Glühende Sterne
in Deiner lieben Hand.

V: Jesus Christus, Morgenstern
Anfang des Tages, der nie vergeht.
Lass uns erkennen, was die Zeit schlägt
und wozu wir berufen sind.

A: Sei die Sonne, um die sich unser Leben dreht,
das Feuer, das in uns brennt.
Lass uns Deine Schwestern sein,
Sterne, die Dein Licht in die Welt hinein strahlen.

V: Heiliger Geist, Du Gott in uns,
inneres Licht und loderndes Feuer.
Sei nur noch Licht in unsere Seele,
nur noch Flamme in unserem Leben,
nur noch strahlende Schönheit in unseren Beziehungen.

A: Lass uns Sterne sein, die nicht verglühen,
Sonnen, die nicht erlöschen,
Frauen, die strahlen.
Lass uns die Zeichen der Zeit erkennen
und die Antwort finden, die du von uns erwartest.
Zeig uns den Weg, der in die Zukunft führt.
Ergreife uns mit neuer geistlicher Dynamik.
Gib uns einen Glauben, der aufrichtet,
eine Hoffnung, die Halt gibt,
und eine Liebe, die Maß nimmt an der Liebe Jesu Christi.

V: Maria, Stern der Meere,
Du leuchtest aus der Ferne in unser irdisches Leben
Wir wollen werden wie du.

A: Frauen, die warten und empfangen,
die guter Hoffnung sind und das göttliche Leben in sich haben,
die Gott gebären und zu den Menschen tragen.
Lass uns Sterne sein, die deinen Namen tragen.
Amen.

Anhang

Literaturverzeichnis

Aristoteles, Hermeneutik oder vom sprachlichen Ausdruck, 17a, in: Aristoteles, Organon II: Kategorien, Hamburg 1998

Bassler-Schipperges, J., Gebet aus dem Schweigen. Eine religionsphilosophische Untersuchung zur Gebetssprache, Frankfurt 1997

Berger, T./Gerhards, A. (Hg.), Liturgie und Frauenfrage. Ein Beitrag zur Frauenforschung aus liturgiewissenschaftlicher Sicht, St. Ottilien 1990

Biser, E., Glaubensbekenntnis und Vaterunser. Eine Neuauslegung, Düsseldorf 1993

Buber, M., Ekstatische Konfessionen, 1909, 5. Auflage mit neuer Einleitung, in: Mendes-Flohr, P. (Hg.), Heidelberg 1984

Buber, M., Ich und Du, Köln 1966

Buber, M., Zu einer neuen Verdeutschung der Schrift, in: ders., Rosenzweig, F., Die fünf Bücher der Weisung ^{10}1954, Lizenzausgabe, Stuttgart 1992, Anhang (nach 580)

Casper, B., Das Ereignis des Betens. Grundlinien einer Hermeneutik des religiösen Geschehens, München 1998

Chouraqui, A., La Bible, Brepols 1985

Dienberg, T., Ihre Tränen sind Gebete. Das Gebet nach Auschwitz in Theologie und Literatur, Würzburg 1997

Domin, H., Das Gedicht als Augenblick von Freiheit. Frankfurter Poetik-Vorlesungen 1987/88, München 1988

Donzé, M., La pauvreté comme don de soi. Essais sur Maurice Zundel, Saint-Maurice 1997

Donzé, M., La pensée théologique de Maurice Zundel, Saint-Maurice 1998

Doré, J., Le christianisme vis-à-vis des religions III: À la rencontre du bouddhisme, Namur 2000

Douglas-Klotz, S. N., Das Vaterunser. Meditationen und Körperübungen zum kosmischen Jesusgebet, München 1992

Drewermann, E., Credo und Sprache: Glaube ist das Gottvertrauen Abrahams, in: Publik-Forum 18/2000, 42-44

Drewermann, E., Das Vaterunser mit Fotos von A. Hoffmann, München 1993

Garhammer, E., Von Papiersäufern und Buchtrinkern. Plädoyer für eine erlesene Theologie. Abschiedsvorlesung in Paderborn 2000 (Manuskript)

Haberer, Th., Die Thomas-Messe. Ein Gottesdienst für Ungläubige, Zweifler und andere gute Christen, München 2000

Hug, E., Reden mit Gott. Überlegungen zur deutschen liturgischen Gebetssprache, Zürich 1985
Hull, J. M., Im Dunkeln sehen – Erfahrungen eines Blinden, London 1990
Jaccotet, Ph., Antworten auf dem Weg, München 2001
Jäger, W., Geh den inneren Weg. Texte der Achtsamkeit und der Kontemplation, Freiburg 1999
Jsp, In der Zone des Heilens. Psychotherapie und Religion nähern sich, in: CiG 23/01 187f
KG: Katholisches Gesangbuch. Gesang- und Gebetbuch der deutschsprachigen Schweiz. Herausgegeben im Auftrag der Schweizer Bischofskonferenz, Zug 1998
Kleiner, J. R., Die Botschaft heute. Hochgebete, Aachen 1993
Kranemann, B./Richter, K./Tebartz-van Elst, F.-P., Gott feiern in nachchristlicher Gesellschaft, Stuttgart 2000
Kurz, P. K., Missa in Resurrectione – Messe im Geheimnis der Auferstehung, in: CiG 47/091, 397f
Laube, J., »Person« als »Substanz-Subjekt« und »substanzleeres, formloses Selbst«: ein kontradiktorischer Gegensatz ohne jede Vermittlung, in: Doré, 127 – 162
Massa, W., Wolke des Nichtwissens *und* Brief persönlicher Führung. Anleitung zur Meditation, Freiburg 1999
Nietzsche, F., Nachgelassene Fragmente von 1882, in: Sämtliche Werke. Kritische Studienausgabe X, München 1980
Nirmal Verma, Alles fließt, in: NZZ Folio 2001/11, November, Indien. Das andere Land, 32-34
Nordhofen, E., Kult und Kultur kommunizieren. Religion zwischen Kult und Theologie, Stuttgart 1989
Odermatt, A., Welchen Menschen und welchen Gott meinen wir? Der Westschweizer Theologe Maurice Zundel (1897-1975) und die schwierige Kommunikation zwischen französischem und deutschem Sprachraum, in: Fink, U./Zihlmann, R. (Hg.), Kirche – Kultur – Kommunikation. Peter Henrici zum 70. Geburtstag, Zürich 1998, 647-670
Oosterhuis, H., Dein ist die Zukunft. Meditationen – Gebete – Lieder von Advent zu Advent, Freiburg [1]1992
Oosterhuis, H., Dein Trost ist nah. Gebete für Stunden der Bedrängnis, Wien 1978

1 Ein allseitig zu verwendendes Buch: Katechese, dichterische Gestaltung biblischer Texte, eigene Liedtexte, eine gesungene Liturgie, viele Hochgebete

Oosterhuis, H., Du bist der Atem und die Glut. Gesammelte Meditationen und Gebete, Freiburg [2]1955

Oosterhuis, H., Eine Handvoll Saat, Freiburg [3]1977

Oosterhuis, H., Leben von Tag zu Tag. Neue Gebete, Texte und Lieder, Zürich [4]1992

Oosterhuis, H., Mitten unter uns. Die schönsten Gebete, Wien [5]1982

Oosterhuis, H., Um Recht und Frieden. Gebete im Jahreskreis, Düsseldorf 1989

Pahl, I., Liturgisches Gebet im Spannungsfeld von lateinischer Tradition und gebotener Inkulturation. Leitgedanken der Messbuchrevision, in: Willers, U., Beten, 116-136

Plate, M., Über-setzen. Wittgenstein und die religiöse Sprache, in: CiG 22/01, 184

Riehle, W. (Hg.), Das Buch von der mystischen Kontemplation, genannt: Die Wolke des Nichtwissens. Worin die Seele sich mit Gott vereint, Einsiedeln 1980

Rahner, K., Zwiegespräch mit Gott?, in: Schriften zur Theologie 13: Gott und Offenbarung, Einsiedeln 1978, 148-158

Reinig, Chr., Gott schuf die Sonne, aus: Sämtliche Gedichte, Düsseldorf 1984, S. 7

Rémond, R., Le christianisme en accusation. Entretien avec Marc Leboucher, Paris 2000

Richter, K., Gottesgeheimnis der Worte. Warum wir dringend eine neue Liturgiesprache brauchen, in: CiG 53/01, 157f

Richter, K., Wie die Luft, die wir atmen. Eine frauengerechte Sprache in der Liturgie, in: CiG 21/01, 173f

Riedler, R., Die Pausen zwischen den Worten. Dichter über ihre Gedichte, München 1986

Rothenbühler, H., Abraham inkognito. Einführung in das althebräische Denken, Rothenburg 1998

Salmann, E., Denken und Beten. Zwei Urgebärden des Geistes, in: Salmann-Hake, 9-30

Salmann, E., Neuzeit und Offenbarung. Studien zur trinitarischen Analogik im Christentum, Rom 1986

2 Der Vorteil dieses Buches ist die Einteilung: viele liturgische Texte, nach Kategorien gebündelt (neun Hochgebete!)

3 Oft Musterbeispiele für lyrische Bibelinterpretation

4 Wichtiger Beitrag für eine neue liturgische Sprache: Lehrgdicht: Das Lied von der Erde (47-63); Die Geschichte eines Lebenden: Textcollage für eine Osterliturgie (82-86); Missa Solemnis: Texte für eine gesungene Messe (93-100); Hochgebet (107); Erster und Letzter: Requiem-Texte (118-125)

5 Hervorragende Gedanken zur »zweiten Sprache«; Gebete, auch liturgische Texte: Hochgebete, Fürbitten

Salmann, E./Hake, J. (Hg.), Die Vernunft ins Gebet nehmen. Philosophisch-theologische Betrachtungen, Stuttgart 2000

Schlegel, H., Assisi für Pilger. Ein Begleitbuch für Besinnung und Liturgie. Impulse und Texte, Gebete und Lieder, Werl 1995

Schmeisser, M./Pfeiffer, M. und A. (Hg.), Lass meine Seele aufatmen, Eschbach 1992

Schmidt-Leukel, P., Die Wahrheit des Buddhismus aus christlicher Sicht. Ein dialogisches Zwischenresümee, in: Doré, 217-253

Schneider, E., Gespräche, Zizers 1995

Schweizer, H., Pumuckl, Jim Knopf und die Dogmatiker. Die Kritik religiöser Sprache wird in der Theologie weithin ausgeklammert, in: Publik-Forum 23/2001, 46ff

Steindl-Rast, D., Die Achtsamkeit des Herzens. Ein Leben in Kontemplation, München 1988

Szymborska Wislawa, Gespräch mit dem Stein, in: dies., Hundert Freuden. Gedichte, Frankfurt/M. 1986

Thich Nhat Hanh, Das Wunder der Achtsamkeit, Küssnacht 2001

Villwock, J., Die Sprache – Ein Gespräch der Seele mit Gott. Zur Geschichte der abendländischen Gebets- und Offenbarungsrhetorik, Frankfurt/M. 1996

Vorgrimmler, H., Neues Theologisches Wörterbuch, Freiburg 2000

Weil, S., Betrachtungen über den rechten Gebrauch des Schulunterrichts und des Studiums im Hinblick auf die Gottesliebe, in: Zeugnis für das Gute. Traktate, Briefe, Aufzeichnungen, Olten 1976, 50-60

Willers, U. (Hg.), Beten: Sprache des Glaubens – Seele des Gottesdienstes. Fundamentaltheologische und liturgiewissenschaftliche Aspekte, Tübingen/Basel 2000

Wittgenstein, L., Philosophische Untersuchungen, Frankfurt/M. 1977

Wittgenstein, L., Vorlesungen über den religiösen Glauben, in: Vorlesungen und Gespräche über Ästhetik, Psychologie und Religion, Göttingen 1968, 87-110

Zizek, S., Das fragile Abolute. Warum es sich lohnt, das christliche Erbe zu verteidigen, Berlin 2000

Zulehner, P., Wie Musik zur Trauer ist eine Rede zur falschen Zeit. Wider den kirchlichen Wortdurchfall, Ostfildern 1998

Ich selbst habe mich wiederholt und auf verschiedener Ebene mit der Sprache des Gebetes und der Liturgie beschäftigt:

Theoretisches zu Sprache und Liturgie

Liturgische Spiritualität, in: Geist wird Leib. Theologische und anthropologische Voraussetzungen des geistlichen Lebens. Seminar Spiritualität 1, Zürich 1979, 97-111

Poesie und Ritual als Elemente der franziskanischen Spiritualität, in: Franz von Assisi. Erinnerung und Leidenschaft, Freiburg 1989, 147-164

Was das Schweigen sagt und was das Wort verschweigt. Von der Macht des Schweigens und der Kraft des Wortes, in: Leidenschaftliche Hoffnung. Die Kraft des biblischen Glaubens, Zürich 1992, 11-21

Gestalt und Gestaltung der Eucharistiefeier. Plädoyer für eine Tiefenerfahrung der Messe, in: ebda. 113-134

Freies, spontanes und geformtes Beten in ihrer gegenseitigen Ergänzung. Lebendige Seelsorge 47/1996, 46-48. – Diesen Beitrag habe ich in dieses Buch aufgenommen

Franziskus und Klara. Anmerkungen zu einem befremdenden Ritual des hl. Franz (Veröffentlichung geplant im Rahmen eines Forschungsberichtes zum »Stand der Franziskus-Forschung«, hg. von der Akademie der Diözese Rottenburg-Stuttgart)

Praktisches zur Gebets- und Meditationsprache

Bist du es, der den Steinen die Härte nimmt. Legenden, Fribourg 1978 (mit einem Nachwort zur Einfachheit der Sprache)

Franz von Assisi: Die Demut Gottes, Zürich 1977, letzte Auflage 1999 (Übersetzungsarbeit an poetischen Texten des Franz von Assisi)

Aegidius von Assisi: Die Weisheit des Einfachen, Zürich 1979

Wenn Du beten lernen willst. Meditationscassette, Zürich 1981 (zwei Auflagen)

Gott, der mich atmen lässt, Freiburg 1985 (bis heute 14 Auflagen), letzte Ausgabe 2002

Wenn ihr um Brot bittet. Tischgebete, Freiburg 1988

Gott, der mir Leben schafft. Meditationen, Freiburg 1994

Wunderbar seid ihr geschaffen. Wie Franziskus den Tieren predigt, Freiburg ^{2}1997 (mit einem theoretischen Nachwort zum Thema: Die Wahrheit der Poesie bzw. zum Verfahren der »Kreativen Reproduktion«)

Mit-Leiden. Ein Kreuzweg, Fribourg 1997

Ich rufe Sonne und Mond. Der Sonnengesang des Franz von Assisi, Eschbach 1998

Grund, aus dem ich lebe. Wenn du beten lernen willst, Eschbach 2001

Morgenlob/Laudes – neu geformt. Bausteine für konzentrierte und entfaltete Formen, in: Innehalten im Tageskreis: Werkheft 4. Arbeitshilfen zum Katholischen, Reformierten und Christkatholischen Gesangbuch der Schweiz, Gossau/Basel/Zürich 2001, 82-88

»Herr, dich loben die Geschöpfe«. Eine Morgenfeier mit dem Sonnengesang des Franz von Assisi, in: Innehalten im Tageskreis: Werkheft 4. Arbeitshilfen zum Katholischen, Reformierten und Christkatholischen Gesangbuch der Schweiz, Gossau/Basel/Zürich 2001, 94-98

Den Sonntag begrüßen und feiern. Anregungen für den Einzelnen, Familien und Gruppen, in: Schmeisser, M. (Hg.), Sonntäglich leben. Von der Muße und anderen Künsten des Lebens, Eschbach 2001, 15-20

Zur heutigen Situation

Die Gegenwart Gottes in der Welt und die Herrschaft der Kleriker. Ein ideologiekritischer Beitrag zum kirchlichen Amtsverständnis aus franziskanischer Sicht, in: Franziskanische Studien 63/81, 188-202

Risikogesellschaft: Auf der Suche nach Orientierung in einer unüberschaubaren Welt. Biblische Verkündigung angesichts der Angst und Verunsicherung, in: Gott bezeugen, Fribourg 1995, 96-112 (Der ganze Band enthält zusätzlich einige Aspekte zum Thema.)

Aus Liebe zum Leben. Die evangelischen Räte neu entdeckt, Freiburg 1996

Denk daran, dass Du ein Mensch bist. Geistlicher Brief an Amédée Grab, Neuer Bischof von Chur, Zizers 1998

Mit Gott im Heute – Grundkurs franziskanischen Lebens, Freiburg 2000

Hochgebete

»Gottes Verbündete«, in: Gott der mich atmen lässt, 110ff

»Senfkorn Hoffnung«, in: CiG 38/95, 310

»Klara von Assisi«, in: Klara und Franziskus. Bilder einer Freundschaft, Freiburg 1993, 104-106

»Brot und Wein« (für eine nichteucharistische Mahlfeier, aber leicht als eucharistisches Hochgebet umwandelbar), in: Schmeisser, M./ Pfeiffer, M. und A. (Hg.), Lass meine Seele aufatmen, Eschbach 1992, 52f

»Sonnengesang«, in: Ich rufe Sonne und Mond. Der Sonnengesang des Franz von Assisi, Eschbach 1998, 100ff

Textnachweis

S. 14ff Wislawa Szymborska, »Gespräch mit dem Stein«, aus: dies., Hundert Freuden. Gedichte, © Suhrkamp Verlag, Frankfurt am Main 1986

S. 20f Franz Fassbind, »Et in terra pax«, aus: Peter Wild (Hrsg.), Franz Fassbind. Gesamtausgabe in 12 Bänden, Walter Verlag, Olten 1988, © Patmos Verlag GmbH & Co. KG/Walter Verlag, Düsseldorf/Zürich

S. 31 »Gott schuf die Sonne«, © by the author

S. 43ff Elsbeth Schneider, Gespräche, © Z-Verlag, Zizers 1995

S. 72ff »Beten«, © by the author

S. 105f Neil Douglas-Klotz, Das Vaterunser. Meditationen und Körperübungen zum kosmischen Jesusgebet, Deutsche Ausgabe © 1992 Droemer Knaur Verlag, München. Deutsche Übersetzung von Gita Onnen

S. 107 Eugen Drewermann, Das Vaterunser mit Fotos von Andreas Hoffmann, © Kösel Verlag, München ³1997

S. 109 Anton Rotzetter/Elisabeth Bernet, Latium-Umbrien-Toskana, © Verlag Josef Knecht, Frankfurt am Main 1998

S. 111ff Paul Konrad Kurz, Missa in Resurrectione – Messe im Geheimnis der Auferstehung, Erstdruck in CiG 47/01, © by the author

S. 130f Wechselgebet »Taufe Jesu«, aus: Katholisches Gesangbuch (KG). Gesang- und Gebetbuch der deutschsprachigen Schweiz, © 1998 Verein für die Herausgabe des Katholischen Kirchengesangbuches der Schweiz, Zug

S. 160f, S. 162ff Psalm 6; 22, Einheitsübersetzung der Heiligen Schrift, © 1980 Katholische Bibelanstalt, Stuttgart

S. 168 Anderes Osterlied, Text: Kurt Marti, aus: Wir können nicht schweigen, 1970; alle Rechte im Peter Janssens Musik Verlag, Telgte-Westfalen

S. 169ff Georg Schmid, Du bist das Licht der Welt, Strophen 1-6 (KG 193), © Theologischer Verlag, Zürich

S. 172ff Eugen Eckert, Meine engen Grenzen, Strophen 1-3 (KG 68), aus: CD »Lieder der Hoffnung und des Glaubens«, © Studio Union im Lahn-Verlag, Limburg-Kevelaer (gekürzt)

S. 176ff Anton Rotzetter, Ich rufe Sonne und Mond, © Verlag am Eschbach der Schwabenverlag AG, Eschbach 1999

S. 180 Martin Gutl, Herzensgebet, aus: ders., In vielen Herzen verankert, © Verlag Styria, Graz ²1997

S. 183ff Anton Rotzetter, Gott, der mich atmen lässt, © Verlag Herder, Freiburg ¹⁷2002

S. 189ff Anton Rotzetter, Klara und Franziskus, Bilder einer Freundschaft, Freiburg Schweiz 1993